JN027466

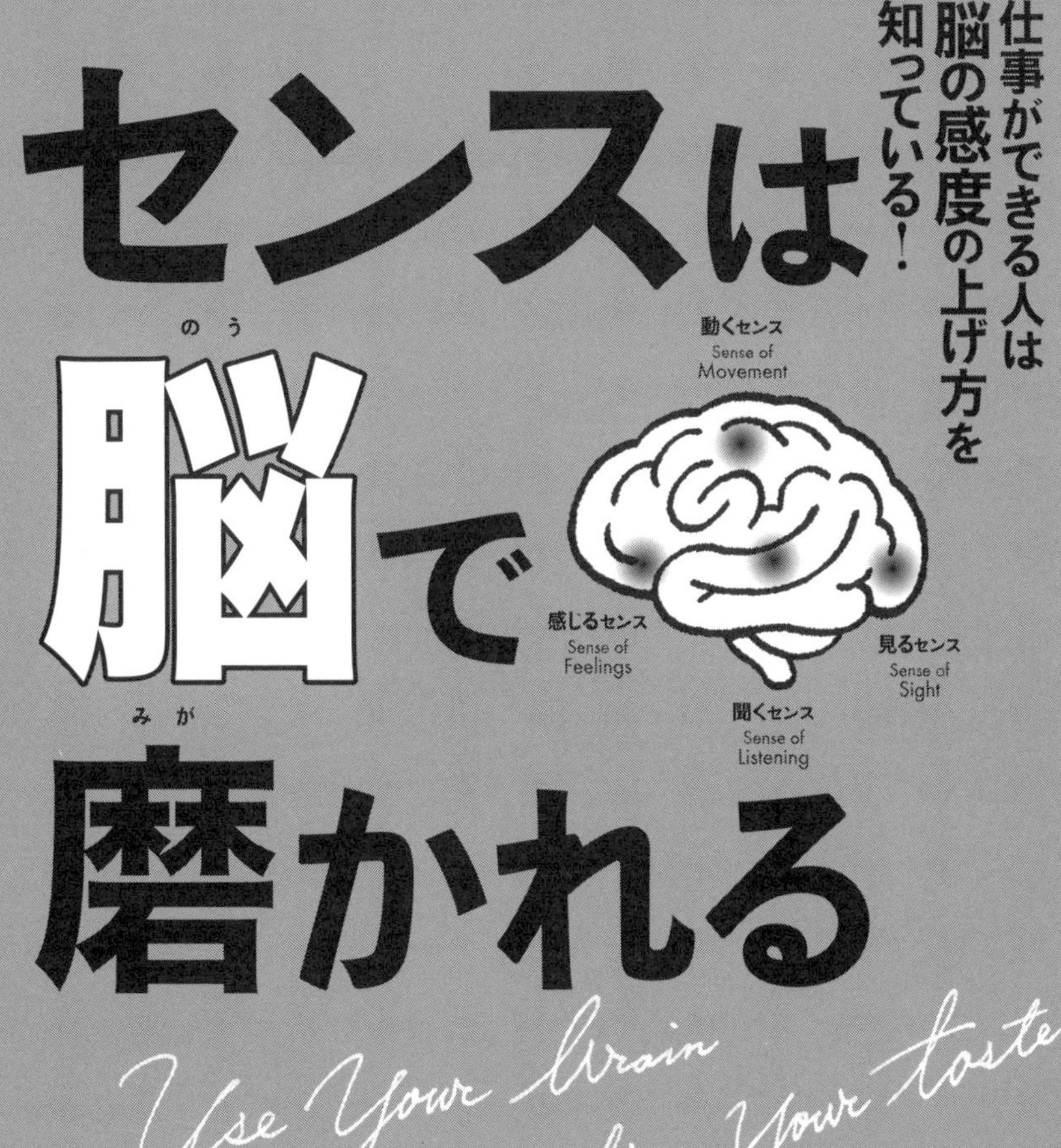


脳内科医・医学博士
加藤俊徳
Toshinori Kato

CROSSMEDIA PUBLISHING

これからの**ビジネスパーソン**に
もっとも**必要な能力**

それは、「センス」です。

これまで私たちは、
営業テクニックや資料のつくり方、
プレゼンの方法など、
主に「**スキル**」を磨いてきました。

しかし、**世の中**が**多様化**し、
複雑化する中で**従来**の**スキル**が
通じなくなる場面が増えています。

代わりに、
たくさんの選択肢の中から
**自分で考え、選び取り、動く力——**
すなわち
**「センス」の重要度が増していきます。**

どれだけ**スキル**を磨いても、
**論理的思考**を駆使しても、
**センス**がないと
**解けない問題**が増えています。

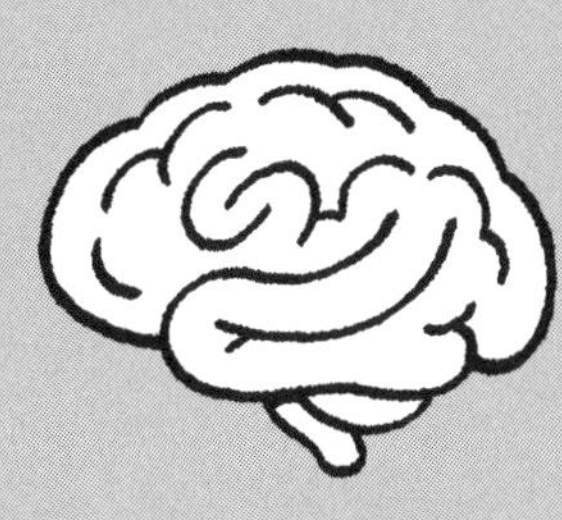

とはいえ、**センス**って何なのか？
今一つはっきりしないと思います。
詳しくは本書で明らかにしていきますが、
ここで言えるのは、その**良し悪し**は
**「脳」で決まるということです。**

脳にある4つの〝脳番地〟を鍛えることで、
**センス**は**磨かれる**ことが
わかってきました。
具体的には、
脳への**インプット**を変えることで
**アウトプット**の質を高めていきます。
このアウトプットが、
いわゆる**センス**なのです。

本書は、とらえどころのない
**センス**という能力を、
「**脳**」を通じて視える化し、
**脳トレ**によって磨いていきます。

ぜひ、実践して、
皆さんの**センス・アップ**に
役立ててください。

# はじめに

あなたは誰かから、「センスがあるね！」とか、「いいセンスをしていますね！」というような言葉をかけられたことがありますか？

服装などのセンスももちろんありますが、仕事においても、あるいはプライベートでお店を選ぶときなど、いろんな場面があると思います。

もし、そんな言葉を一度でもかけられたことがあるなら、大いに自信を持っていいのではないでしょうか。

**「センスがいい」というのは、最大の褒め言葉の一つ**だと思います。

最近、ビジネスやさまざまな仕事をする上で、「センス」に注目が集まっています。

産業能率大学総合研究所は２０１８年に、「仕事センスに関するアンケート」調査を行いました。

ビジネスパーソンが活躍するためには、知識・スキルに加えて、〝仕事センス〟（顧客や組織のさまざまな期待に応えるために、周囲の状況を感じ取り、自分で判断してやり遂げる総合的な力）が重要だとして、従業員１００人以上の企業のマネージャー１０００人にアンケートを行ったのです。

その結果、**多くのマネージャーが「仕事センス」を重視し、部下にそれを求めている**実態が明らかになりました。

優秀なビジネスパーソンは「記憶力」や「思考力」「分析力」などの個別な能力が求められる以上に、「センス」が求められているのです。

ちなみに同アンケートでは、「仕事センス」のある人はどんな人かと尋ねていますが、以下のような回答が寄せられたそうです。

- **周囲を巻き込んでテンポよく仕事を進める人**
- **相手の求めることを的確に把握し、実現する人**
- **問題を単純化し、ポイントを明らかにして取り組む人**
- **タスクがていねいにまとめられていて、優先順位をつけながら片づけられる人**

などが挙げられています。

なるほど、どれもが仕事をこなす上で大事なことですが、**単純に、頭がよくて成績がいい、ということとは別物だ**ということがわかります。

むしろ、ビジネスの現場では、学校の勉強ができた秀才タイプがブレーキになっているケースが多いようです。

業界内では、弱小で後発の会社は、超難関大学を卒業した偏差値の高い学生をなかなか採用できません。超高学歴の人は、業界でトップクラスの規模を誇る企業に集まるからです。

するとどうなるか？　意外に弱小の企業が、面白い商品や企画を次々に発表し、気がつくと業界のトップになっていることがあります。超優秀な人材を集めたはずのリーディングカンパニーが、硬直化し、新しいものを生み出せずに落ちていく……。

私も時々関わらせていただいているテレビ業界など、まさにそんな典型的な業界でしょう。偏差値秀才は学校の勉強で、記憶力や論理力、事務処理能力は鍛えられているかもしれません。

しかし、脳を総合的に使い、柔軟に物事に対応し、新しい発想を生み出す創造性に関しては弱いのです。このことはテレビ業界に限らず、いまやすべての業界、企業が直面している問題です。

ちなみに、脳科学的に少し解説すれば、これまでは、学校教育だけでなく社会に出てからも、言語を駆使した情報アウトプット機能の中枢である**「左脳」の能力が重視**されてきました。

しかし、これからは感覚や感性という情報インプット機能の中枢である**「右脳」の能力**が、より重視されるということでしょう。

私自身、これまで脳の研究を続けながら、人間の脳にはさらに高い次元があるのでは、と思い至るようになりました。

記憶や言語の個別の能力を高めるだけでなく、それらを有機的につなげ、ネットワークをより強固にする。それによって脳は感覚と感性を土台にしながら、瞬時にさまざまなことを処理し、対応することができる。

それこそが、昨今求められている**「センス」の正体**ではないか？　人間の脳は、生きている限り、常に刺激によって成長していくことが明らかになっています。

センスを意識し、適度な刺激と行動を取ることで、私たちは誰もが自分の脳を**「センス脳」**に作り変えることができるのです。

本書は、センスとは何か。脳のどこをどう鍛えると、センスを身につけることができるのか、について、できる限り具体的に解説しました。

私は意識と行動を少し変えるだけで、誰もがセンスを身につけることができると考えています。実際、センスのいい人は常に自分のセンスを意識しているといいます。「あの人はセンスがあるね！」「仕事センスが抜群だね！」。きっと、そんな周囲の評価も勝ち得ることができるはずです。

本書が、あなた自身の脳を**「センスを生み出す脳」**に作り変える、大きなきっかけになれれば幸甚です。

令和3年1月吉日　　加藤俊徳

## 第2章 仕事ができる人は脳の感度の上げ方を知っている

# 第3章 「見る」「聞く」「感じる」「動く」4つのセンスを上げる脳習慣

## 「聞くセンス」を磨く



## 「感じるセンス」を磨く

# 第4章 1日1分でセンスが上がる！15の脳刺激

# 第5章 脳の中に眠るセンスを覚醒させる

Chapter 1

How the brain creates a sense of style

# 第1章

# センスを生み出す脳のしくみ

# 仕事ができる脳はどんな脳か？

「脳のどこを鍛えたら、仕事ができるようになりますか？」

そんなストレートな質問をぶつけられることもあります。

私は脳の専門家ですから、脳の仕組みと働きからそのことを考えます。

たとえば、人間の記憶には、脳の「海馬」という部分が大きく関係していることがわかっています。海馬は脳の中心近く、左脳と右脳の側頭葉の深部に対になっているタツノオトシゴのような形をした器官です。

視覚や聴覚などによって集められた情報は、この海馬に集められ、「短期記憶」として整理されます。そのうち、さらに重要度や必要度が高いと判断されるものを大脳皮質に送り、「長期記憶」として定着させると考えられています。

いわば、**〝記憶の司令塔〟のようなものが海馬**ですが、この器官は刺激などによって成長させることができるのです。

ですから記憶力をアップさせたい、頭を良くしたいと、さまざまなトレーニングを試みて、海馬を活性化させ、大きくしようと頑張る人もいます。**海馬を鍛えて記憶力をアップさせれば、おそらく仕事にも何らかの良い影響が期待できる**はずです。

私は中学の部活で陸上競技をやっていましたが、14歳のときに、「筋肉を鍛えるように脳を鍛えることはできるのか？」と考え、「脳を鍛える方法」を知るために医学部を志しました。

以降、米国や国内の大学病院などで脳の研究に従事、ＭＲＩ画像の解析をもとに、脳の活動とその領域を分析することで、**「脳番地」**という概念を作り出すことに成功しました。

そのことは『脳の強化書』（あさ出版）に詳しく書きましたが、脳番地とは同じような働きをする脳の集まりであり、その神経細胞群と関連している脳の機能の総称をいいます。

要は、見たり聞いたり、記憶したり想像したりするには、それぞれの脳の得意な領域、専門領域があるということです。

現在までの研究によって、脳番地は約120もの番地があることがわかっています。ただし、それではあまりにも細かく専門的です。一般の方たちにも理解しやすいよう整理し、機能別に脳番地を大きく8つの系統に分類したのが以下の分類です。

**・思考系脳番地＝思考や判断に関する脳番地**
**・感情系脳番地＝感性や社会性に関係する脳番地**
**・伝達系脳番地＝話したり伝えることに関係する脳番地**
**・運動系脳番地＝体を動かすことに関係する脳番地**
**・聴覚系脳番地＝耳で聞くことに関係する脳番地**
**・視覚系脳番地＝目で見ることに関係する脳番地**
**・理解系脳番地＝物事や言葉を理解するのに関係する脳番地**
**・記憶系脳番地＝覚えたり思い出すことに関係する脳番地**

思考から記憶まで、それぞれに対応した脳番地をトレーニングによって鍛えることで、その能力を高めることができるということです。

# 脳番地の8つの分布図

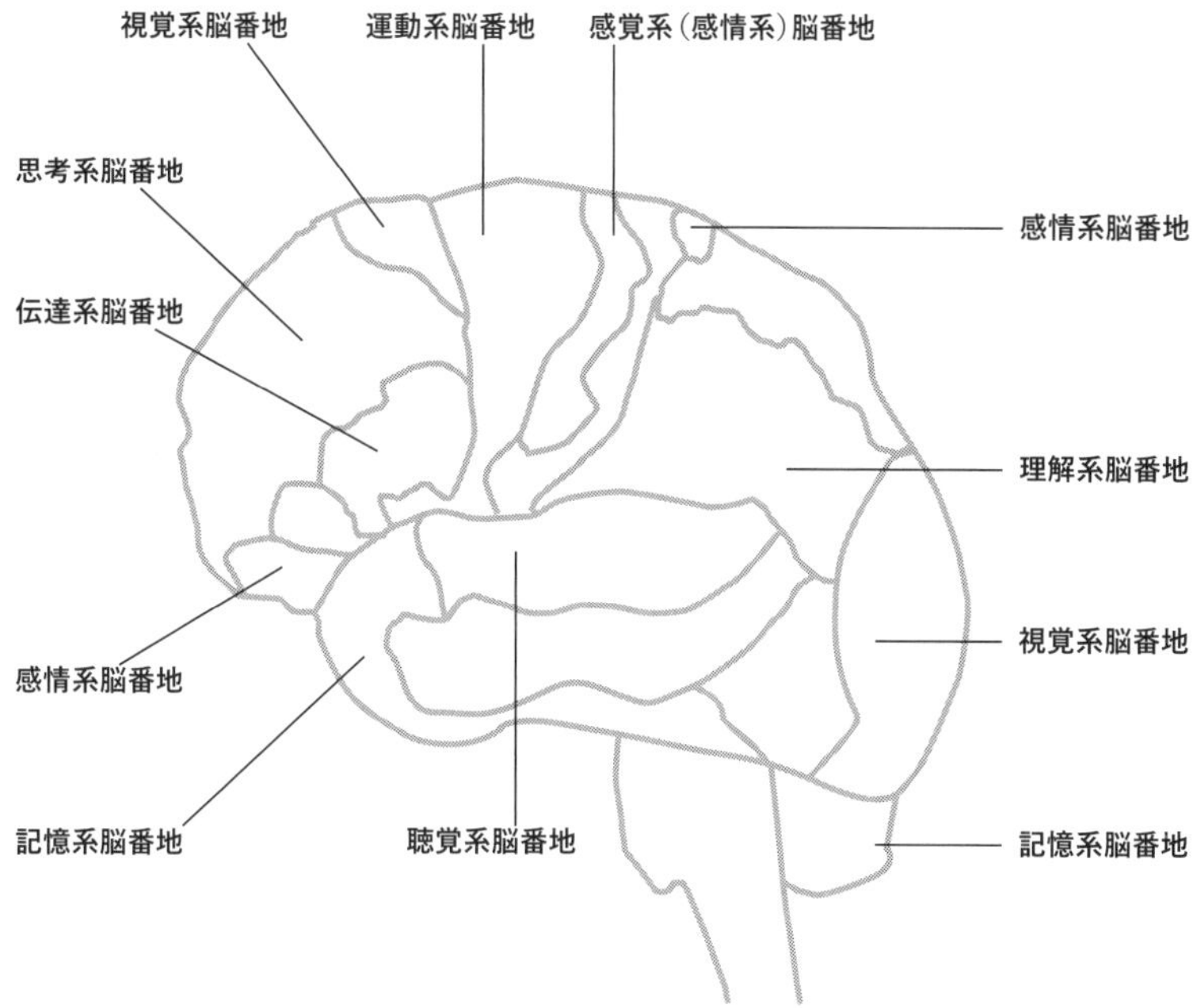


視覚系、聴覚系は情報のインプットに関わる脳番地。運動系、伝達系は情報のアウトプットに関わる。感情系はインプットとアウトプット両方に関わる脳番地で、運動系に接する感覚系は皮膚感覚を介して感情系とつながる。思考系、理解系、記憶系はインプットとアウトプットをつなぐ情報生成を行うワーキングメモリー機能を担う。

# 脳番地を個別に鍛えるだけではダメ

ただし、それぞれの脳番地は完全に独立したものではなく、密接に関わり合っています。

ちなみに先ほどの海馬を鍛えるためには、「記憶系脳番地」だけでなく、「思考系脳番地」や「感情系脳番地」を刺激することが効果的だということがわかっています。

さらに仕事の能力というと、関係する能力は記憶力だけではありません。思考系や理解系はもちろん、視覚系や聴覚系も関係してくるでしょう。

そうなると、鍛えるべき脳番地は広範囲であり、その関連性とバランスが非常に重要になってきます。

私が提唱した脳番地の考え方は、一般の人たちの「脳トレーニング」と「能力開発」に一つの大きな成果をもたらしたと考えています。

実際、それによって自分の能力を向上させ、目標達成ができたという人が現れています。

しかしながら、その一方、あまりにも短絡的にどこの脳番地をトレーニングしたら、すぐにでもその成果が上がると考えてしまうのは間違いです。

とくに「仕事力」や「人間関係力」といった**総合的な力が求められている能力に関して、脳番地のどこを鍛えたら結果がすぐに出ると期待するのは無理があります。**

脳番地は、脳の構造と働きを理解する上で非常に有効であり、能力開発の大きな取っ掛かりになることは確かです。

しかし人間の脳の本来の機能や能力を考えると、おそらくもう一つ大きな捉え方、概念が必要になるのではないか――。

脳番地の概念を作り上げた私ですが、人間本来の実践的な能力を考えたとき、それだけではまだ何か足りない。最近は、とくにそう感じることが多くなってきました。

人間の脳の働きは、個別の処理スピードでは、もはやＡＩには太刀打ちできないかもしれません。

しかし、それぞれの機能、脳番地を有機的に組み合わせ、横断的につながることで、ＡＩでは踏み込めない、より複雑で深い情報処理を行っているはずです。

そしてそれこそが、仕事ができる能力であったり、人間関係を豊かに築く能力であったり、人間として魅力的に輝く力であったりするのではないか。

私の中のモヤモヤとした概念が次第に形になっていったとき、一つの答えとして出てきたのが「センス」というワードなのです。

# センスがないのは致命的？

たとえば何かある仕事を任されると、すんなりいかずに、**なぜかきまって周りの人とトラブルになったり、問題が頻発する人**がいます。

一方、けっこう複雑で大変な仕事なのに、いつも不思議にうまくいく人もいます。周りの人とうまくコミュニケーションを取り、多くの人の協力を得ることができる。トラブルや問題がほとんど起きません。

当然、重要な仕事は後者の人に集中しますから、ますます本人は能力をアップさせ、さらに信用を得て出世していくでしょう。

あるいは企画を立てるにしても、営業で新規開拓に回るにしても、**いち早くポイントを押さえ、ムダなく最短距離で成果を上げる人がいます。**

一方で、いつも**ポイントを外したところで思い悩み、躓いて、なかなか仕事が先に進まないという人もいます。**

こういう違いは何かと聞かれたとき、果たして単純に「コミュニケーション力」とか「企画力」とか「判断力」というような、個別能力に還元できるでしょうか？

もちろんそういう部分はあるにしても、もっとトータルで、総合的な能力があるのではないか？　まさに「センス」といった言葉こそが、その違いを的確に表すキーワードだと考えます。

でも、これは決して唐突で、飛躍した話ではないはずです。実際、ある人を評価するのに、**「センスがある」「センスがない」という表現をすることも多い**はずです。

もし、あなたが上司から「キミはセンスがあるね」と言われたら、どんな感じがするでしょうか？

おそらく「キミは企画力がある」「コミュニケーション力が高い」と言われるより、嬉しく感じるのではないでしょうか？

逆に、**「センスがないな」と言われると、なにか決定的に否定されてしまったように感じる**のではありませんか？

「センス」という言葉は、なかなかはっきりしない概念でもありますが、同時にどこか総合的で全体的な能力をイメージさせるものです。

それゆえにセンスの有無で評価されると、全能力的、全人格的なものとして感じ取ってしまうのです。

## 脳がセンスを生み出す一連の流れ

「センス」こそ、じつは私たちが成功する上で、また、幸せな人生を送る上で重要なポイントなのではないか？

私たちが目指すべき脳は、個別処理能力に長けた「ＡＩ脳」ではなく、**柔軟に、横**

**断的に情報を組み合わせることで最適解を導く、「センス脳」**ではないだろうか？

センスこそは、人間の力を凌駕しつつあるＡＩが持ちあわせないものであり、これから我々が必要としている脳＝能力だと、私は考えます。

それは同時に**創造性、クリエイティブな能力に直結**しています。これからの時代はとくにその能力が求められると考えられますから、その点においても「センス脳」は大きな意義と価値があるのです。

テレビ番組などで一緒になるたびに、その感を強くするのがお笑い芸人の明石家さんまさんです。

ＭＣとして番組を取り仕切るさんまさんの姿を見ていると、「これぞセンスの塊！」という感じです。

大勢のコメンテーターやひな壇の芸人たちの話に、ボケたり突っ込んだりして場を盛り上げながら、さんまさんは的確に人に話を振っていきます。

彼はスタジオ内の全体を見渡しながら、**視覚情報**としてまず相手の表情や体の動きを読み取っている。

同時に、相手の言葉を**聴覚**で受け取りながら、それを一瞬で変換し、自分が何をしゃべるか、その原稿を**言語中枢**のある左脳で構成する。

そして**体全体**で、ジェスチャーで表現しながら、そのときに一番面白い返しをしそうな出演者に話を振る。

それだけではありません。その返答に、自分自身がどんな反応をするのが一番笑いになるかも計算しているのです。

「いったい、さんまさんの頭の中ってどうなっているのだろう？」

脳の専門家である私は、ついついそちらの方に興味を持ってしまいます。ＭＣをしているときの彼の頭をＭＲＩで見てみたら、とても興味深い画像が見られるに違いありません。

さまざまな脳番地がそれぞれに活性化し、瞬時に情報を伝達し、普通の人の数倍も脳を縦横無尽に駆使しているはずです。

視覚系や聴覚系を通じて情報収集するというインプット機能。理解系、思考系、記憶系という脳番地での情報処理・判断というワーキングメモリ機能。

そして感情系、伝達系、運動系といった脳番地を使って言葉を発し、体を動かすというアウトプット機能……。

この**一連の脳の働き方のパターンが、さんまさんのセンス**です。

つまり、彼はすでに相手に話を振る段階で、オチという結論＝アウトプットまで描いているのです。

そして、怖ろしいほどの速さで、次々にこの回路を回し続けています。このアウトプットを想定することが重要であることは、後ほど詳しく説明します。

さんまさんの脳はお笑い芸人として、またＭＣとして最高の感性と機能を備えた特殊な脳になっているに違いありません。これこそ、私が言うところの**「センスを生み出す脳」**そのものです。

脳自体が、彼特有のお笑いをもたらす脳になっているのです。

ですから、そこからアウトプットされる表現は、すべてセンス溢れるものしか出てこないのです。

## どんな職業にもセンスが必要

このような「センス脳」は、おそらく一流の芸術家や表現者であれば、誰もが共通して持っているものでしょう。

オーケストラの指揮者などは、まさにそうしたセンスが求められる職業です。天性の音感に加え、音楽的な訓練の積み重ねによって、彼らの聴覚は異常なまでに研ぎ澄まされ、発達しています。

膨大な譜面をすべて暗記し、それぞれのパートの楽譜を頭に入れている彼らは、演奏中、どのパートの誰が、音をどれだけ外したか、テンポがズレたかを聞き取るといいます。

全体の音とその流れを聞き分けながら、リズムやテンポ、音の強弱をどう調整するべきかを時々刻々判断する。

そして体全体、表情や指先の動きを含めて自分の意図を表現し、演奏者に伝え、音楽を一つのまとまりにしていくのです。

では、一般のビジネスパーソンにとって、そのような特別なセンスは不要でしょうか？　いえ、そんなことはありません。**むしろビジネスシーンこそ、センスが必要になる場面が多い**と私は考えます。

センスは、決して美的感覚の重んじられる芸術家や、専門職だけに求められるものではないのです。

たとえば、新規開拓の営業を回ることを考えてみましょう。どんな地域のどんな人たちを回るのが最も有効か判断するのも、一つのセンスです。

また、訪問した先の相手の態度や表情から、押すべきか退くべきかを判断するのも一つのセンスでしょう。

相手が今何を求めているか？　それに対して自分がどう応えられるかを想像し、どんな言葉や物腰で相手に対するのが最適かを判断するのもセンスなら、契約やクロージングに持ち込むタイミングをはかるのもセンスだといえます。

膨大な情報の何に感応し、どう選択するか？　その後それに対応してどう行動するか？　一連の流れの中に達人たちのセンスが確固としてあり、それを感じ取れる脳になっているというわけです。

これは営業だろうと企画職だろうと、あるいは商品開発だろうと、同じです。つまりビジネスにおいてもあらゆる場面でセンスが問われていて、センスのある脳をいかに作り出すかが問われているのです。

# そもそもセンスとは何か？

さらに先ほども触れましたが、昨今はＡＩの台頭が目覚ましいですね。日常の事務処理的な仕事は、おそらくＡＩが取って代わるでしょう。

そのとき私たち人間に求められる能力はＡＩでは代替しにくい、あるいは不可能な、クリエイティブなものになっているはずです。

そうなると、仕事における各人のセンスの高さがますます重要になってきます。そしてそれに付随して、センスを生み出す脳も重要になる。

**時代の流れからしても、センスがビジネスパーソンにとって重要なものになってくると考えられます。**

これまで仕事力というと、とかく「コミュニケーション力」や「対人関係力」、「判断力」や「決断力」、「洞察力」や「理解力」といった**個別能力に目が向きがち**でした。それらを鍛えれば、仕事ができるようになると考えられてきました。

ですが、ここまでの話を聞いていただいた読者の方は、すでにお気づきでしょう。それら個別の能力を高めるだけでは、本当の仕事の力は育たないのです。

それらを統合し、横断する情報伝達と知性、能力が必要になる。それを実現するのがセンスだというわけです。


それにしても、センスというものがどういうものなのか？　どうすれば身につくものなのかが大いに気になります。

私が考えるセンスとは、結論からお話しすると以下の特徴を持つものです。


センスとは……

**①常識や既成概念を壊すところから生まれる**
**②個性的であり、多様性に富んでいる**

**③アウトプット＝表現を前提としている**
**④感覚と思考の一つの「型」である**
**⑤ごまかしや嘘が入り込まない**

以上が、私なりの「センス」の解釈ですが、以下、それぞれを脳と関連付けながら詳しく解説していきましょう。

センスの定義

## ❶常識や既成概念を壊すところから生まれる

センスはこれまでの常識や価値観、既成概念にべったりと染まっているところでは育ちません。なぜならそれらは、あくまでも他人が作ったモノサシであり、基準だからです。

人それぞれが独自の感覚と価値観を中心にして、**「好き」「嫌い」**、**「美しい」「美しくない」**、**「正しい」「正しくない」**などを判断する。そこに感性や感覚＝センスが生まれてくるのではないでしょうか。

押し付けられた基準や感覚を、そのまま自分のものだと勘違いしていませんか？

そのことに疑問や違和感を持たないという人は、すでにセンスがない人だということになります。

その点、常識や既成概念を打ち破ろうとするのが、芸術の世界です。絵画にしても音楽にしても、アーティストは常にこれまでの表現を打ち壊し、新しい表現を模索しようとします。

絵画であれば、ルネサンスの写実的な表現を壊してロマン主義的な絵画が生まれ、さらに印象主義や表現主義が生まれ、シュールレアリズムやコンセプチュアルアートなどの現代絵画につながっていきます。

画家たちの挑戦は、それまでの常識となった表現をいかに破壊し、新しい自分たちの表現を確立するかです。そこには既成の価値観に縛られない自由な精神、自由な感性が不可欠となります。

ここにこそ、本来のセンスが立ち現れるわけです。ですから、**センスとは自由なものであり、オリジナルなものであり、自立している感覚です。**

これは音楽であってもまったく同じでしょう。クラッシック音楽から逸脱することでジャズやロックが生まれ、シュールな現代音楽から大衆音楽まで幅広いジャンルが生まれてくる。

ロックなどはまさに反骨であり、自由を求める音楽として若い人たちに訴えかけます。

常識やルール、既成の価値観からあえて外れ、逸脱すること。ときにそれらに反抗し戦うこと。そして自由な精神と表現を持ち続けること。その中でオリジナルの、自立したセンスが育まれるのです。

このことはアートだけの話ではありません。学問もまた同じように、これまでの定説を疑い、覆すことで進歩するし、私たちのような医学の分野でも新しい医療技術が生まれる背景には、それまでの常識や価値観を疑い、違ったアプローチと発想が必要になります。

ビジネスにおいても技術革新や新しいビジネスモデルを生み出す際には、発想の転換や意識の切り替えが不可欠です。

すべての分野で、新しいもの、これまでと違ったものを生み出す原動力として、個々の人間の独自のセンスがあるのです。

センスの定義
## ❷個性的であり、多様性に富んでいる

センスは個性的なものだと言うことができます。

個々人のモノサシによって、価値を判断したり見出したりするのがセンスなのですから、個性的であるのは当然のことです。

逆に言えば、**没個性のものにはセンスはない**ということです。

たとえば、全員が同じ学生服を着ていることは、その最たるものでしょう。

若いときは社会性を学ぶために、あえてそのような画一的な格好をすることが必要だということもあるかもしれません。しかし、確実にファッション、自己表現としての個性は抹殺されているわけです。

学生はまだいいとして、ここ最近とくに感じるのが、新入社員のスーツが全員真っ黒なことです。

本来、社会に出て経済的な自立をするわけですから、自由度が上がって当然です。

ところがそれに逆行するかのように、若い新入社員たちが全員真っ黒なスーツであることに、違和感を覚えてしまいます。

いつからあのような習慣になったのか？　むしろ私たちの若い頃の方が新人がいろんな色のスーツを着ていたように思います。

決して、社則で決まっているわけでもないでしょう。組織人として、最初は出る杭にならないように、あえて個性を消しているのでしょうか？

同期の新人がみな黒いスーツであるのに、自分だけ目立つわけにいかないという同調圧力の表れなのでしょうか？

入社してしばらくすると黒いスーツは着なくなるようですが、私自身は個性を重んじるという点、センスを持ち、磨くという点で、あまり感心しない習慣だと思っています。

個性的であるということは、言葉を変えると**「多様性」**ということでしょう。

誰もが同じ考えで、誰もが同じ服を着て、誰もが同じ生活をするとしたら、個性もなければ多様性もない。**そこに自由なセンスが入り込むスキマなどありません。**

まるでどこかの共産圏の国のように、誰もが同じ服、同じ反応、同じ表情で同じ方向を向いているなんて、考えただけでゾッとしませんか？

私たちの社会が画一的でなく、価値観も意識も、考え方や表現も多様であることが、健全な社会であることの証だと思います。

そしてその前提として、それぞれの人たちが独自のセンスを確立し、大切にしているということだと思います。

また、自分の中でも、一つだけでなく多様な感じ方や考え方を持っていることがセンスにつながると思います。

たった一つの考え方や感性だけを絶対的なものとしてしまうと、脳自体が硬直化し、生き方も考え方も固まってしまいます。

そんな凝り固まった中で、生き生きとした感性や感覚は生まれるはずがありません。

**自分自身の脳の中に多様性を生み出すことが、センスにつながる**のだと思います。

センスの定義

## ❸アウトプット＝表現を前提としている

「表現」というワードが、ところどころに出てきました。**センスとは、どんな形であれ、常に自己表現とセットになっています。**

服を選んで買うときには、好きな色や形、ブランドのものを選択し、それを身に着けることで自分を表現するわけです。

選ぶだけでなく、それを他者に対して表現し、主張することまでが「センス」です。**アウトプットを前提とすることで、情報の収集や選択の仕方が変わります。**膨大な情報の中から、どれに目をつけ、ピックアップするか？ アウトプットを考えるからこそ、選択の基準ができるのです。

センスがある人のインプット＝情報収集は、アウトプットのイメージに沿って収集しますから、ムダや迷いがありません。そして多くの情報の中から一番アウトプットに有効なものを選ぶので、アウトプット自体の質が上がります。

これはまさに先ほど例として挙げた、明石家さんまさんの仕事の仕方そのものでしょう。彼は芸人として、自分の脳を見事な「センス脳」に作り上げた典型だと思います。

さらにインプットとアウトプットには、**私たちの肉体とその運動というものが不可分に関係**しています。

まず情報を収集するために、しかるべき場所に移動したり、人の話を聞きに行ったりする、「行動」「運動」が必要です。

そして目で見て、耳で聞いて情報を確かめインプットする。目と耳、ときには鼻や皮膚という体の器官を通じて情報を収集するわけです。

脳番地で言うならば、**「視覚系」**と**「聴覚系」**を働かせる。そして皮膚感覚などの**「感覚系」（感情系）**を働かせることで、対象を認識します。

言ってみれば、**目、耳、手や足、そして皮膚といった肉体を駆使して情報を得るわけです。これがまずセンスの入口であり、決め手となる**と考えています。

まず、この部分が鋭敏に働き、スムーズに連動する人が、センスのいい人ということになるでしょう。

ちなみに、赤ちゃんが最初に脳番地で発達するのが、皮膚感覚の感覚（感情）系です。

お母さんのお腹の中では光も届きませんし、音もさほど聞こえません。お腹の羊水の中にプカプカと浮いている状態で、最初に感じるのが皮膚感覚です。脳も最初に発達するのがこの部分です。

そこから手足を動かす運動系が発達し、その後に視覚系と聴覚系が発達するのです。ですから、視覚や聴覚、皮膚感覚といった感覚は運動感覚と密接につながっています。

ここから何が言えるかといえば、**体の動かし方が洗練されていない人はセンスも磨かれない**ということです。

逆に体の動きがシャープで的確な人は、運動系脳番地が鍛えられていますから、関連した視覚系、聴覚系、感覚（感情）系の脳番地も発達しています。

日常生活で言うと、料理をてきぱきと短時間で作ったり、掃除や片づけをパッパッとこなしたりすることなどは、運動系脳番地が発達していて、センスのある証拠でしょう。

インプットだけでなく、アウトプットもまた運動系と関連しています。それは表現することが、常に肉体とその運動に関連しているからです。

たとえばピアニストは、複雑に手と足を動かし、鍵盤とペダルを操ることで音を鳴らし、演奏を行います。バイオリンにしてもフルートにしても、楽器を演奏するには手足、体全体を使います。

絵画や彫刻にしても、まず筆や彫刻刀を持つ手を的確に動かさなければなりません。とくに現代絵画などは、体全体の運動をそのままキャンパスにぶつけて描き出す手法もあります。

**表現と運動は、切っても切り離せない関係にあるのです。**

このように、アウトプットにも肉体とその運動が大きく関わっています。インプットと同じように、運動系の脳番地が大事になります。

**上質のアウトプットをするには、**インプットのときと同様に、**センスのある体の動かし方が必要になる**のです。

センスの定義

## ❹ 感覚と思考の一つの「型」である

これまでお話しした一連のインプットとアウトプットのつながりが、センスの良い人物の場合は一つの「型」となっています。その型に応じて、自分の脳の中に回路ができ上がっています。

前に触れた明石家さんまさんの会話術、MCでの盛り上げ方などは、まさに**インプットから脳内のさまざまな番地の回路を経て、アウトプットに至る、一種の美しい「脳の方程式」のようなものです。**

どの分野であれ、一流と呼ばれる人は、みなこの自分なりの「型」＝「脳の方程式」を持っています。

その型に沿った脳の働かせ方がまさにその人のセンスであり、その「型」を持った脳が「センス脳」ということになると思います。

「型」すなわち「センス脳」を持った人は、「インプット＝情報収集」から「アウトプット＝表現」まで、じつにムダなく、スマートに行うことができます。

仕事をするにしても、何をするにしても、洗練されたその一連の働きは美しささえ感じさせます。

茶道の一連の所作と、その場の空気が洗練されていてムダがなく、優雅に感じるのは、それがまさにセンスの集合体だからでしょう。所作はもちろん、茶器から部屋の空間の配分まで、すべてにセンスが行き届いている。

武道やこれらの芸道は、古来より「型」を重んじますが、それはセンスが最もムダなく発露するための一種の仕組みのようなものだと考えます。

そして、一度その「型」や「仕組み」を身につけたら、インプットからアウトプットまで、すべてセンスのいいものになっていくのです。

センスの定義

## ❺ごまかしや嘘が入り込まない

対象を認識するとき、人間は大きく二つの種類があると思います。**物事を捉えるのに理屈で捉える人と、感覚や感性で捉える人**です。

傾向として前者は男性が多く、後者は女性が多いように思います。よく男性の脳は論理的な思考を司る左脳型であり、女性の脳は感覚や感性を感じ取る右脳型の脳だと言われます。

その点からすると、センスを生み出す脳は、女性の右脳型に近いように思われます。

しかし実際は、男性に比べて女性の方が、幼少期から言語力が発達しやすい脳の仕組みを持っています。反対に、女性に比べて男性は、言葉よりも視覚的な状況を元に、判断しやすい脳の性質があります。むしろ、右脳型は男性に多いと言えるかもしれません。

ただし、詳しくは後の章で解説しますが、センス脳は脳全体をフル回転させますので、右脳偏重とはまったく違います。

いずれにしても、論理型のガチガチの脳だけでは、私は限界があると思っています。物事の真善美の価値判断を論理的に突き詰めて判断しようとすると、結局最後は袋小路に入ってしまいます。

**美しさ、心地よさは頭で判断するものではなく、感覚で判断するもの**だからです。

また、真や善に関しても、理屈で突き詰めようとするととても難しいことになります。

いわばこれが哲学者の仕事なのですが、どうしても固く理屈っぽくなりがちです。

できれば柔らかく、軽やかで、自由な思考と精神を保ちたい。ガチガチの左脳論理型の頭脳で生きるより、センス脳で生きる方が、はるかに多くのことを感じ、反応し、豊かに人生を生きられると思います。

簡単に言えば、**哲学者より芸術家であれ**ということです。

もちろん哲学は、生きる上での軸を持つ上で大切なことですが、生き生きと感性を働かせ、豊かに自己表現をするには芸術家的な脳、すなわちセンス脳が大事になると思います。

ちなみに理屈や論理は、得てして嘘や欺瞞が入り込みやすいものです。論理とは、その組み合わせ方でいかようにも構築することができます。

よくディベートなどで、相反する意見をお互いが立場を交換して議論し合ったりしますね。論理というのは自分にとって都合のよいように、切り貼りして構成し直すことで、いかようにも再構築することができるのです。

自分にとって都合の悪い事実や出来事を、理屈をこねることで正当化したりごまかしたりする。じつは**頭のいい人ほど、この自己欺瞞を無意識に行っています。**そしてそのことに気がついていない……。

ところが、感性や感覚にはごまかしがありません。美しいものを汚いものとして認識することはほとんど不可能でしょう。逆に、汚いと感じるものをきれいだと感じることも不可能です。

感性や感覚、つまりは自分のセンスに従っている限り、そこに嘘や欺瞞が入り込む余地がありません。

ですから自分に素直に、自分らしく、自分をごまかさずに判断し、行動することができるのです。

これは精神衛生上もいいと思います。神経症のような心の病気は、自己欺瞞によるごまかしとその矛盾が堆積して起こるケースもあります。

嘘やごまかしのない感性と感覚に忠実なセンス脳を持つことで、健全な精神を保つことにもつながるのです。

仕事においても、日常生活においてもセンスが大事であることは、ここまで読んでいただいた読者の方にはわかっていただけたと思います。**成功者と呼ばれる人は、おしなべてセンスが高い。**だからこそいい仕事をして、いい人間関係を築き、いろんな意味で人生を豊かにしている。

個別の能力を高めることも大事ですが、その前にセンスを磨くことが大事になるというわけです。

## センスがある人の仕事のやり方

以上を踏まえて、センスが仕事においてどのような力を発揮するかについて明らかにしたいと思います。

センスがある人の仕事やビジネスのやり方の特徴は何か？　私なりの結論を以下に挙げてみましょう。

センスがある人の特徴

## ①現状を客観的に観察し、先を読むことができる

センスがある人は状況把握力と分析力が高いです。冷静に自分の周りの人や状態を観察し、今どんな状況かを素早く察知します。そしてこれから何が起きるか、何が必要になるかを判断する。**「先を見通す力」がある人**だということでしょう。

自分が何をすればいいか？　その場の状況に応じて判断することができるので、このような人材は周囲や上司から大いに信頼され重用されます。また、この力は**リーダーシップには不可欠の要素**でもあります。将来出世してリーダーになる器の人だとも言えるでしょう。

センスがある人の特徴

## ②重要なポイントを見極め、ムダなことをしない

センスがある人は物事に対したときに、重要なポイントを即座に見極めます。ですから**物事の優先順位が明確**です。

このことは仕事をこなし、良いアウトプットを行う上で非常に重要な要素です。重

要なポイントと優先順位さえ明確であれば、もはやどんな課題もクリアできたと同じです。なぜなら、ムダなく最短距離で、最小限の労力で目的を達成することが可能になるからです。

たとえば企画書やプレゼンでも要点を外さず、相手が何を求めているかを明確に認識していますので、最短時間で高いクオリティのものを仕上げます。そして目的を達成する。

逆にセンスのない人は、重要でないところにこだわったり、躓いたりして時間がかかる上にアウトプットのクオリティも低い。職場で評価され、重用されるのはどちらかは言うまでもありません。

センスがある人の特徴

## ③思考が柔軟で、臨機応変に対応できる

センスがある人は思考が柔軟です。それは自分の中に確固とした価値観があると同時に、さまざまな引出しがあるからです。つまり、**個性と多様性が共存している。**

一つのことにこだわったり執着せず、状況に応じてどんな対応が最も効果的かを考

えることができます。そして素早く対応し行動に移すことができます。

ビジネスシーンは予期せぬ事態、不測の事態に遭遇することが多々あります。こちらで思い描いていたシナリオ通りに物事が進む方がまれでしょう。

状況や相手の動きに応じて、柔軟に対応できるのがセンスのある人の特徴です。

センスがある人の特徴

## ④アイデアがあり、クリエイティブである

センスがある人は**自分の中の尺度を大切にする**人です。そして「好き」「嫌い」、「心地よい」「心地よくない」、「美しい」「美しくない」の価値判断が明確です。

こういう人は周囲の環境を観察し、その過不足を常にキャッチします。そしてそれを改善しようと行動します。

「こうしたら?」「こうすればよくなるのでは?」というアイデアが常に頭にいくつも浮かんでいる状態ですから、考え方も行動もクリエイティブで生産的。ビジネスには、このクリエイティブであることと生産的であることは不可欠な要素です。

しかも何度もお話ししているように、ＡＩなどの登場で事務処理的な能力ではなく、

創造性が求められています。

センスのある人は、これからの時代、ますます重宝され求められる人材と言えるでしょう。

センスがある人の特徴

## ⑤ 共感力に優れ、人間関係も円満である

人づき合いでは、センスが多いに作用します。**センスのある人は共感力に優れています。**

相手の表情や仕草から、相手が何を考えどう感じているかを敏感に察知します。それに基づいて、自分が相手にどんな言葉を掛けるのが正解かを瞬時に判断します。ですから人間関係を作り、それを育むのが上手な人が多い。こういう人は敵を作らないので、足を引っ張られることも少なくなります。また情報やチャンスが人を通してたくさん入ってきますので、それがビジネスに直結します。

そして、他者からの協力をたくさん仰ぐことができますから、不思議となんでもうまくいってしまうのです。

センスのない人は何かと他者とのトラブルが多く、組織やプロジェクトを進める上で支障をきたしますが、**センスのある人は人間関係の潤滑油のようになり、組織力をさらに高めます。**このような人材を、会社だろうがどんな組織だろうが、放っておくわけがありません。

以上のように、ビジネスほどセンスが求められ、その有無によって差が出ると言えます。むしろ、**なぜこれまでセンスやセンスを司る脳を取り上げなかったか、と思うほどです。**

いずれにしても、センスを意識し、それを高めることで仕事力が格段にアップし、キャリアを築く上で大きな力になることは間違いないのです。

## 鍛えないと感性は衰えていく

センスは日々意図的にブラッシュアップしていかないと鈍ってしまいます。普段の生活や仕事を漠然とこなし、世の中の常識や価値観に流されていては、センスは育まれません。

また、たとえ鋭いセンスの持ち主でも、そのような生活をしていたら鈍ってしまいます。

とくに人間は、30代後半を過ぎると、どんどん老化のスピードが高まっていきます。自然状態に任せていれば、残念ながら衰えが進んでいくのです。

さらに、**脳自体の持つ、ある種の怠け癖が、感性やセンスを閉じ込めてしまう**パターンが多く見られます。

何か新しいことに直面すると、私たちの脳は各所が活性化し、連絡を取り合って対処するようにできています。しかしそのやり方を覚え、回路ができてしまうと、脳はできる限り省エネを試みようとします。

最初と同じように、脳をフル回転させるのではなく、前回使って有効だった脳だけを働かせ、最小限の労力で済ませようとするのです。

このこと自体は、脳の素晴らしい機能の一面であることは確かです。なぜなら目の前で起きるすべてのことを、常に脳がフル回転で対応していたら、あっという間に脳がオーバーヒートしてしまうからです。

そうならないために、脳はルーティーン的な行動を、脳の中のでき上がった回路を使って、半ば無意識に処理するようになっているのです。これがいわゆる「習慣化」と呼ばれるものの正体です。

朝起きて歯を磨き、顔を洗う。コーヒーを飲みながら新聞を読む。これらの行動は、いちいち頭の中で考えながら行うものではありませんね。

体が自然と覚えていて、そのように考えなくても動いてしまう。脳は省エネのために習慣化を行うようにできているのです。

## 「オジサン脳」になっていませんか？

省エネという点では非常に合理的な脳の仕組みですが、じつはこれが諸刃の剣なのです。

**習慣化が進んでいき、それに頼ることはラクになると同時に、マンネリ化をもたら**

**せます。**脳はほとんど働こうとせず、老化と退化が進んでしまうことになるのです。

皆さんも20代から30代になり、仕事の全貌をほぼつかむ年齢になると、仕事がラクにできるようになる瞬間があったのではないでしょうか？

営業にしても企画にしても、事務処理にしても、若い頃あれだけ躓き、試行錯誤して時間がかかっていた仕事が、嘘のように簡単に処理できてしまう。半分の時間もかからずにこなせてしまう……。

それは脳が仕事の仕方を学習し、回路ができ上がったことでムダな労力をかけずに処理することができるようになったということです。


それ自体は、大変望ましいことです。

ところがラクになったことにかまけて、自分の仕事をそれだけに限定し、９時〜５時で要領よく仕事をこなすだけになってしまう人が結構いるのです。いや、大多数の人がそうだといっても過言ではありません。

**「仕事がラクになった瞬間こそ危ない」**と私はよく話をしています。

脳は先ほどもお話ししたように、放っておけばエネルギーを使わないラクな方を選ぶものです。

すると、ラクにこなせる状況に甘んじて、新しい挑戦をしようとせず、仕事をルーティーン化するようになります。

私はこの状態を**「オジサン脳」**と呼び、大いに警鐘を鳴らしてきました。守りに入った「オジサン脳」は、新たな分野に挑戦したり、未知の領域に足を踏み入れようとする冒険心を起こしません。


でき上がった脳の回路で処理できる仕事だけに限定し、ラクに仕事を処理できる方を選択します。すると使わない脳番地が増えていき、その番地の脳はどんどん衰え、退化していきます。

そうなると、ますます仕事に対する意欲や、積極性が失われていき、さらに脳のオジサン化が進んでいくのです。

このような脳は、いろんなものに敏感に反応し、脳の中で情報を交換し、アウトプットにつなげていく「センス脳」とは対極の脳だといえるでしょう。

センス脳を育み、保つためには、加齢による衰えとともに、このような脳の持つ習慣化――ある種の怠け癖による退化から、意識的に脱出するようにしなければならないのです。

## 世の中がセンスを押し殺す

さらに、今回私が強調したいことは、現代社会全体がセンスを押し殺す方向に動いているということです。

メディアだけでなく、インターネット社会になり、私たちの身の回りには膨大な量の情報が溢れています。

情報の海の中で、私たちは果たして本当に自分の意志と価値判断で情報を選択できているでしょうか？

やっかいなのは、多くの情報が商業主義やコマーシャリズムによって大量に流されているということです。

**商品やサービスも自分で選んでいるつもりが、気がつくと選ばされているる**というケースが多々あるのではないでしょうか？

その商品やサービスも、一見たくさんあるように見えながら画一化が進んでいます。たしかに、コンビニやスーパーなどに行けば、24時間どんな商品も手ごろな値段で手に入ります。

ですが、大量消費に対応した大量生産、大量流通の商品は、どれも同じようなものばかりの定番が並んでいます。

これが一昔前なら、商店街の小さなお店が、それぞれ自分のところで作ったものや仕入れたものが並んでいました。そこにはその店の個性があり、多様性がありました。むしろ今は都会よりも地方で量販店やスーパーが台頭し、規格化され画一化された商品が全国に広がっています。

多くの選択肢があるようでいて、その実、誰もが同じような商品、サービスを購入しているのが今の消費社会の実態でしょう。**そのような画一化された消費生活の中で、個々のセンスは育ちにくいのです。**

ですから、スーパーやコンビニで買うのをたまにやめて、魚なら築地のお店で買う。

あるいは野菜なら、ちょっと遠出をして田舎の朝市などで、その日の朝畑から採れたばかりの新鮮なものを買う。

出店している農家の人たちと雑談するのも、スーパーにはない楽しみであり、新鮮な刺激になります。ぜひ普段の買い物のパターンと違うことをしてみることをオススメします。

## 感性を磨けば人生は楽しくなる

また、今回の新型コロナで鮮明になったのが、社会全体の同調圧力の高さです。危機的な状況のときにはもちろん、社会全体が一丸とならなければなりません。しかし、もともと同調圧力の強い日本社会は、極端に振れがちでもあります。

マスクをしていない人に対して過剰にバッシングしたり、コロナに感染した人をスポイルしたり、過剰反応とも思える出来事がたくさんあります。

ＳＮＳやツイッターなどのソーシャルメディアの発達と浸透が、さらにこの流れに拍車をかけています。

ちょっと世論と違う意見を言ったり、はみ出した行動をとるとバッシングを受けたり、炎上したりします。

窮屈で生きにくい世の中だと感じるのは、私だけではないはずです。**このような社会では、自由な精神も発想も生まれにくいでしょう。**当然、自由闊達で個性豊かなセンスが、満足に育つとは思えません。

現代の経済、社会、政治システムは、私たち一人ひとりが個性を発揮し、確固としたセンスを持たない方が、じつは都合がいいのです。

余計なセンスなどを振りかざして、構築されたシステムや体制からはみ出してもらっては困ります。

一人ひとりが個性と多様性を主張し、自立し始めたら、政治も経済も安定しないというのが、大資本や政治の中心部にいる人たちのホンネなのだと思います。

私たちは、誰が何と言おうと、「個別の存在」です。組織や社会の一員である前に、個としての存在なのです。

その生とその可能性を存分に味わい、謳歌するためにも、私たちは自分の価値観、感覚、感性を研ぎ澄ませ、センスを磨かねばなりません。

新型コロナウイルスがまん延し始めたとき、いち早く文部科学省が毎日更新しているデータにアクセスして、東京オリンピック開催が延期発表された次の日から、ＰＣＲ検査数が上昇したことを教えてくれた人がいます。

真偽はともかく、彼は誰から教えられることもなく、文部科学省のサイトを発見し、毎日その数値の変遷を追っていたのです。

テレビニュースやツイッターなど一般に流れている情報ではなくて、自分から情報を取りに行き、事実を発見して自分なりの仮説を立てる。こういうことができるのがセンスのある人でしょう。

こういう人と話をすると、メディアやＳＮＳの受け売りではなく、その人個人の感性と頭で生まれた意見なので、オリジナリティに溢れてとても楽しいのです。

センスのある人は、ちょっと話をしても面白いし楽しいものです。そして勉強になります。

以下の章では、とくにビジネスパーソンにとってのセンスとは何か？　それが脳番地のどんな働きで生まれているか？　などについて、さらに詳しくお話していきたいと思います。

Chapter 2
Why efficient workers know how to improve their sense of style

# 第2章

# 仕事ができる人は脳の感度の上げ方を知っている

# ちょっとした違いを見分けられるか

センスを高めることが、さまざまな能力アップにながることは1章で述べた通りです。それがこれからの時代、ますます重要になってくることにも触れました。

この章では、漠然としたセンスという概念を、さらに明確にするため、センスの良い人と悪い人がどのように違うのか？　そのときの脳の働きを絡めながら、より具体的にお話ししていきたいと思います。

私たちが「あの人センスがあるね」と誰かを評価するとき、**その人の感性や感覚の鋭さ、敏感さが前提にある**と思います。

私たちの世代なら誰もが知っているフレーズで、某インスタントコーヒーメーカーのCMで、「違いがわかる男の～」というのがありました。

違いがわかる人は、感覚がそれだけ鋭敏で、良いものとそうでないもの、好ましいものと嫌なものを明確に感知します。

一方、違いがわからない人は、何でも一緒です。コーヒーであろうが、料理であろうが、洋服であろうが、良いものとそうでないもの、好ましいものとそうでないものの区別やこだわりがありません。

**感覚が敏感で、違いがわかる人はセンスがある人です。**違いのわからない人は、残念ながら野暮ったく、「センスのかけらもない」などと酷評されてしまいます。

人間の感覚は、大変に鋭敏にできています。というか、環境と訓練によって鋭敏に発達します。前章でもオーケストラの指揮者の話をしましたが、あらゆる分野、職業で、そんな超感覚の持ち主がいます。

たとえば、機械やセンサーなどで検知できない数ミクロンの歪みを、旋盤工のベテランの職人などは触っただけでわかると言います。宇宙ロケットなどの精密機械では、最後の仕上げはそんな職人たちの鋭敏な感覚に頼っているそうです。

私の親戚に、某自動車メーカーのテストドライバーだった人物がいるのですが、彼は車に乗ると、車体の形が1ミリ違っただけでわかるそうです。

微妙な風圧やバランスの変化が、ハンドルやアクセル、ブレーキなどの操作を通じてわかると聞いてびっくりしました。

最終的に、彼らはどんな車が一番乗り心地がいいかを判断するわけですが、「乗り心地」というとても主観的で感覚的な世界では、もはや数値やスペックでは表現することが不可能です。

だからこそ感覚のとび抜けて鋭い、テストドライバーの存在意義があるわけです。

おそらく、この**「乗り心地」「心地よさ」の判断というのは、AIがどれだけ発達しても、なかなか人間に取って代わることはできない**でしょう。

人間が心地いいと感じるときには、私たちの五感すべてが関わっています。その五感はいずれも人間の肉体によって成り立っています。

それらの相互作用によって、最終的に「乗り心地」「心地よさ」という総合的な感覚になります。

ＡＩがどんなに発達しても、ＡＩ自体は肉体を持っていません。ですから、シートに体を預けたときの感覚、ハンドルの感触とステアリングのときの腕にかかる力、発進のときに体にかかる加速やコーナリングのときにかかるGなど、人間の肉体によって捉えうる感覚を正確に感知することは難しいと思います。

さらに、それらを総合して得られる「心地」というものを数値化して、判断のアルゴリズムにまで落とし込むことは、ほぼ不可能でしょう。

あらゆる刺激を、肉体を通してキャッチし、それを瞬間に総合して感じることができる人間だからこそ、「乗り心地」「心地よさ」が判断できるわけです。

## サルと人間の理解の仕方の違い

じつはセンサー、受信機能という点だけ見れば、人間よりも動物の方がはるかに優秀です。

犬は、人間の嗅覚の１億倍の鋭敏さを持っていると言われます。

クジラは、数千キロ離れた仲間と声で交信しているらしい。

タカは、数キロ先の獲物を視覚で鮮明に捉えると言います。

視覚、聴覚、嗅覚など個別の感覚器の性能においては、人間よりはるかに鋭敏な受信機能を有している動物がたくさんいます。

ただし、**私が話しているセンスというのは、感覚器の性能だけの話ではありません。**むしろ目や耳、鼻や皮膚などの感覚器によって受信した情報を、脳がどのように処理し判断するか？　脳の働きこそが、センスの実態だと考えられます。

その点で面白いのは、人間とサルの脳の使い方の違いです。たとえば、今ここにバナナが置いてあるとします。それをサルと人間が同時に見たとき、どんな反応が起こるでしょうか？

サルも人間も当然「目」という感覚器を使って、視覚を通じてバナナを認識します。目から入った視覚情報は、脳の後頭葉の視覚野で認識されます。

そこまでは一緒なのですが、そこからの**脳内での情報の流れ方が違います。**

サルは情報のやり取りは、本能的な脳とのやり取りでほぼ終わってしまいます。視覚情報としてバナナを認識する。バナナが目の前にある。そこから食欲という本能が喚起され、手を出して食べようとする。

ところが人間はそれだけではありません。むしろ情報は頭頂葉や前頭葉などの大脳皮質に送られます。するとバナナは欲望の対象としてだけでなく、さまざまなイメー

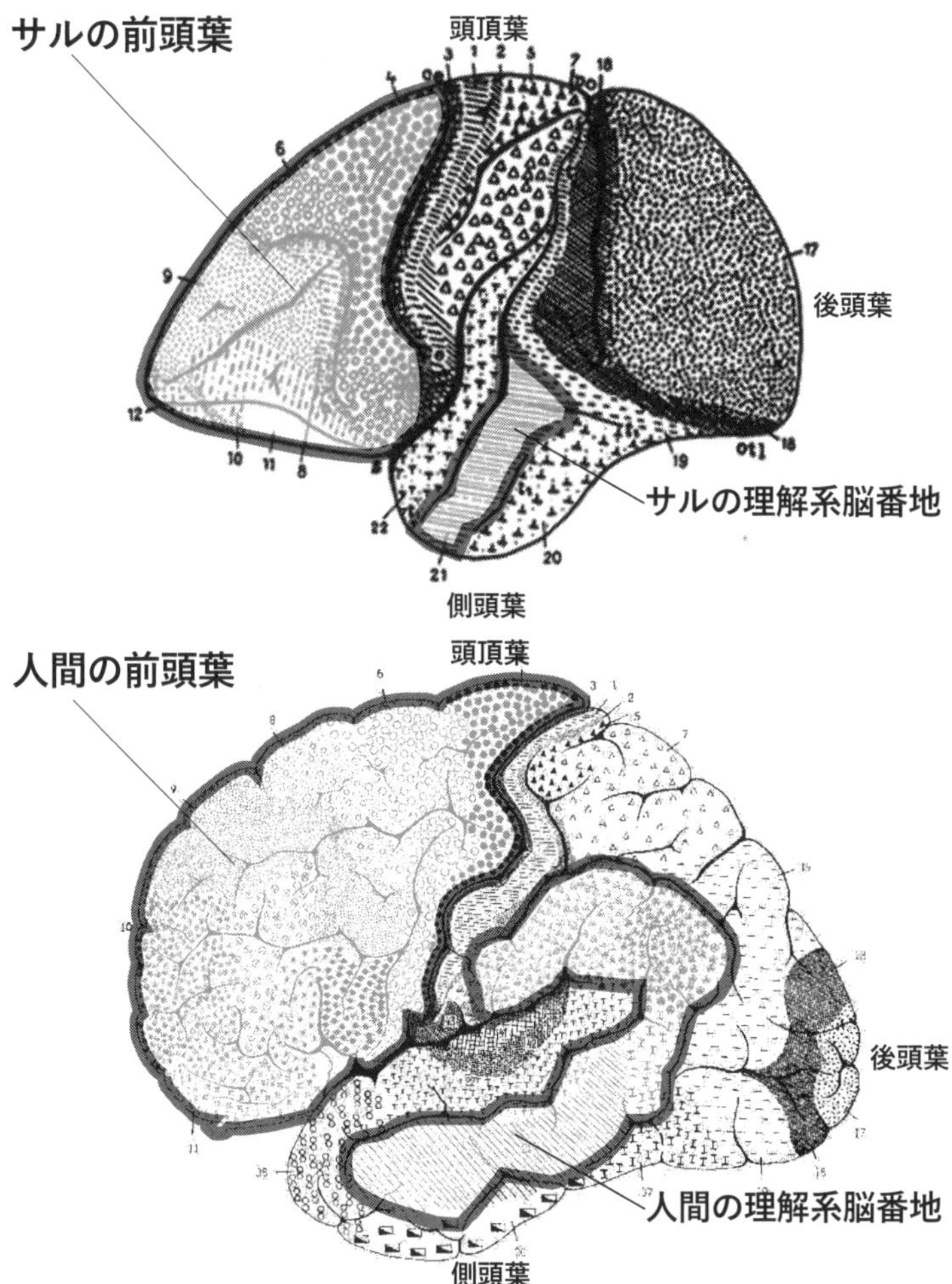


※大脳の細胞構築分布図（ブロードマン、1907年）。数字はブロードマン領野を示す。

ジや意味がそこから連動して発生してきます。

鮮烈なバナナの黄色から、バナナが採れる光あふれる南国を連想したり、子供の頃にバナナを食べた思い出を思い出したりする。ダイエットを気にする人は、バナナの栄養価やカロリーを考えたりするかもしれません。

さらにこんな皿やカゴに入っていたら、もっとおいしそうだろうなとか、これを家に持って行って子供にあげたら喜ぶだろうなど、さまざまなストーリーを思い描きます。

人間は視覚で得た情報を本能的な脳だけでなく、大脳のさまざまな脳番地に情報を送り、バナナをいろんな角度から認識することができるわけです。

この大脳での新しい意味を生み出す中枢は、「理解系脳番地」と呼ばれる部分ですが、サルが側頭葉に限局しているのに対して、人間の理解系脳番地は側頭葉から頭頂葉に広がって著しく発達しているため、バナナをさまざまな意味から解釈することができるのです。

**この解釈の多様性が、センスにつながる**と私は見ています。

ちなみに人間とサルの前頭葉を比べると、サルは先が尖がっている形なのに対して、人間は丸くなっていて、それだけ人間の前頭葉は発達しています。

人間は動物的な本能的な旧皮質の脳と、人間だけが発達させた新皮質という脳を持っていて、**センスとはその二つの脳の情報交換の中で作られる**ものだと考えられるのです。

どうやら、キャッチした情報の量と質は同じでも、脳の違いとその働きの違いによって、センスは決まるようです。感覚器の性能自体は、健常であればそれほど人によって差はない。違うのは情報を得た後の処理の仕方、つまりは脳の違いということです。

冒頭でお話しした「違いがわかる〜」というのも、**感覚器が発達しているのではなく、キャッチした情報の扱い方が発達している**ということでしょう。

鋭敏な感覚を持ち、ちょっとした違いを見分けるのは、脳がそのように働いているかどうか。１章の話を引き継いで言うならば、「センス脳」となっているかどうかの違いだということです。

# 脳は使うほど成長していく

私はこれまで1万人以上の方の脳をＭＲＩで見てきました。

その中で、脳が以前に比べて成長している像をたくさん見てきました。その結論として導き出されたのは以下の３つです。

**❶ 脳には個性がある**
**❷ 脳の形は日々変化する**
**❸ 脳は使えば使うほど成長する**

最近で言えば、ラジオを聞くことで脳の聴覚系が成長することが確認されました。大学生にラジオ番組を１日２時間聞いてもらい、それを１か月続けたところ、著者が開発した「加藤式・ＭＲＩ画像診断法」で、明らかに脳が成長した形跡が認められたのです。

とくに右脳の記憶系の成長が著しかったのですが、これはいろんなことを想像しながら話を聞くからだと考えられます。

ＭＲＩ画像では発達していない脳は白く映り、発達すると黒くなるのですが、前後で比べると、明らかに黒い部分が増えたのです。

**センスのある人、感覚と感性の鋭い人は、おそらく脳の対応した部分が発達した人**だということができます。

そして脳は使えば使うほど、神経細胞が触手を伸ばしてネットワークを作り、それが太く大きくなるのです。ですから、鍛えれば鍛えるほど発達する。

先天的なものもあるでしょうが、これ

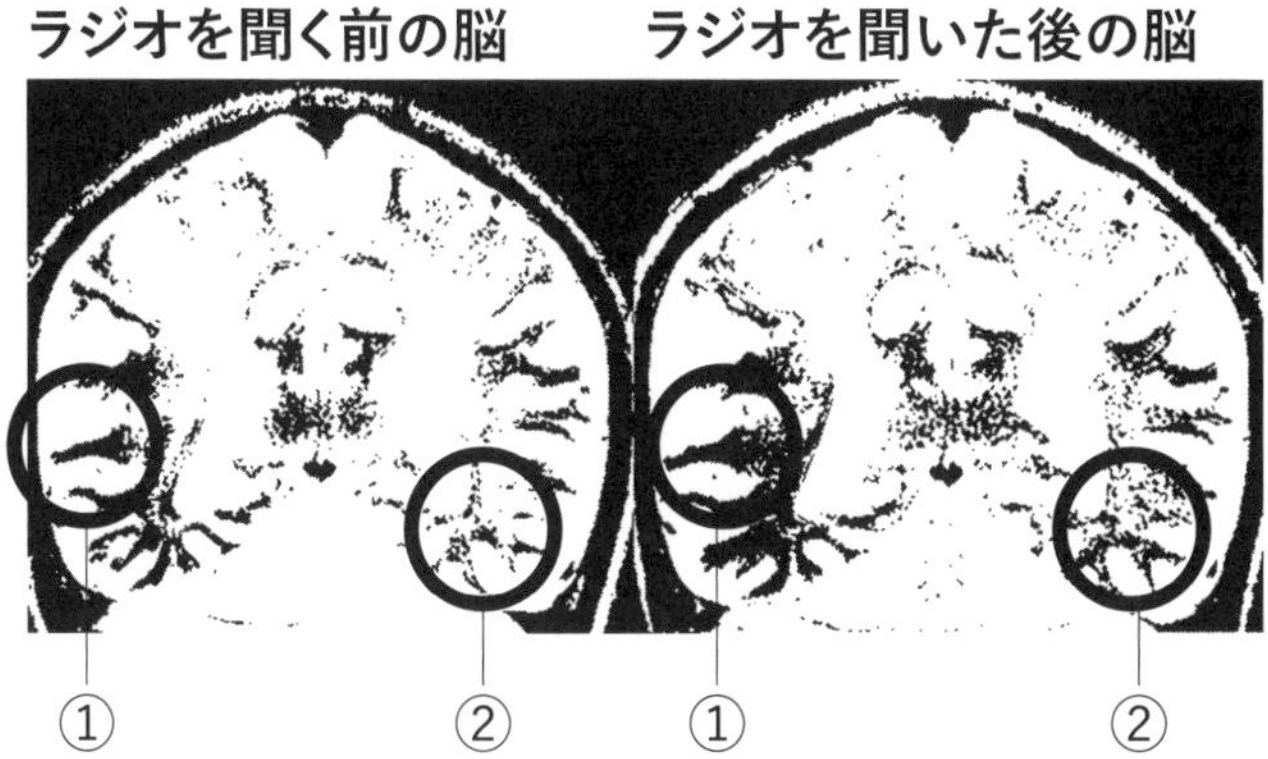

ラジオを聞く前の脳　　ラジオを聞いた後の脳

①　②　①　②

①**聴覚系脳番地**の活性エリアが**最大で2倍に拡大！**

②**右記憶系脳番地**の活性エリアが**最大で2.4倍に拡大！**

株式会社radikoとの共同研究より（2020年６月発表）

までの私の実験やデータ、経験から**後天的な環境や訓練によって、よく使う脳番地があり、そこが発達しているケースが多い**のです。やはり職業によって鍛えられるという部分が大きい。

印象的だったのは、立て板に水でしゃべりまくるアナウンサーの古館伊知郎さんの脳を見たときです。古館さんはスポーツ系の実況で定評がありました。

ですから、おそらく視覚系脳番地が発達していると思いきや、聴覚系脳番地が異常に発達していたのです。

しかも左脳ではなく、右脳が極端に発達していました。古館さんの誰も真似できない流れるような実況は、**左脳の論理的な思考では追いつかず、右脳のイメージ的な瞬間のひらめきが関係している**のです。だからこそ誰も真似ができない。

古館さんのような極端なケースだけでなく、一般の人でも、接客業や営業職ならば視覚系、聴覚系や伝達系が発達していますし、教師やコンサルタントなど人前で話をする職業では言語系や思考系が発達している傾向があります。

いずれにしてもポイントは、**脳は筋肉と同様に、鍛えるほどに成長し強化されてい**

**く**ということです。先天的にすべてが決まっているというものでは、決してありません。

その意味で、今さまざまな脳トレのメニューやカリキュラムがありますが、センスという、非常に人間的で高度な脳の働きを意図的に鍛えるという考え方も、メニューも見られません。

〝センス脳〟とはどんな脳であり、それを鍛え上げるにはどうすればいいか。この章ではより具体的にお話ししていきたいと考えています。

## センスを決める4つの脳とは？

結論から先に言ってしまいますが、センス脳は**「見る脳」「聞く脳」「感じる脳」「動く脳」**の４つの脳番地が基本になると考えます。

これらの脳番地をバランスよく動かし、緊密に情報をやり取りする中で、センスが鍛え上げられていくのです。

以下、それぞれの脳の働きをカンタンにお話ししていきましょう。

まず**「見る脳」**ですが、**「視覚系脳番地」がその中心**になります。すでにバナナを見たときの反応でも触れていますが、改めてここで整理しましょう。

視覚情報はまずは「目」が外部の光を網膜で捉え、それを電気信号に変換して脳の後頭葉にある視覚系脳番地に送られます。

そのとき、左脳の視覚系は言語に反応する脳番地で、見た文字を認識し、理解する役割をしています。

一方、右脳の視覚系は図形や絵画など非言語情報を認識する脳番地で、視覚系内でもさらに役割分担をして、見た映像を理解する役割を担っています。

また視覚系は、対象の動きを認識する脳でもあります。動くものというと、自然界では動物などはまさにその動く対象でしょう。

外敵の動作を察知したり、獲物を捕食する際、相手の動きをまず鋭敏に察知しなければなりません。

視覚は固体の安全と保存を図るために大変重要な器官であり、またそれに関連する脳番地も当然発達します。相手の動きを察知する脳は、その中でもひときわ命に直結する大切な能力というわけです。

もう一つ、視覚系の重要な働きが**「目利き」**です。目で捉えたものが良いものであるか悪いものであるか？　価値判断を行う働きです。

その価値判断ができなければ、自分にとって益になる食料や獲物を見極めることができません。また、自分にとって害になるものを避けることもできません。それは生存に直結しています。

単なる光の受容器官としての目の機能というよりも、その情報の価値を判断す

## 見る脳
（視覚系脳番地のしくみ）

目から視覚系脳番地への情報伝達

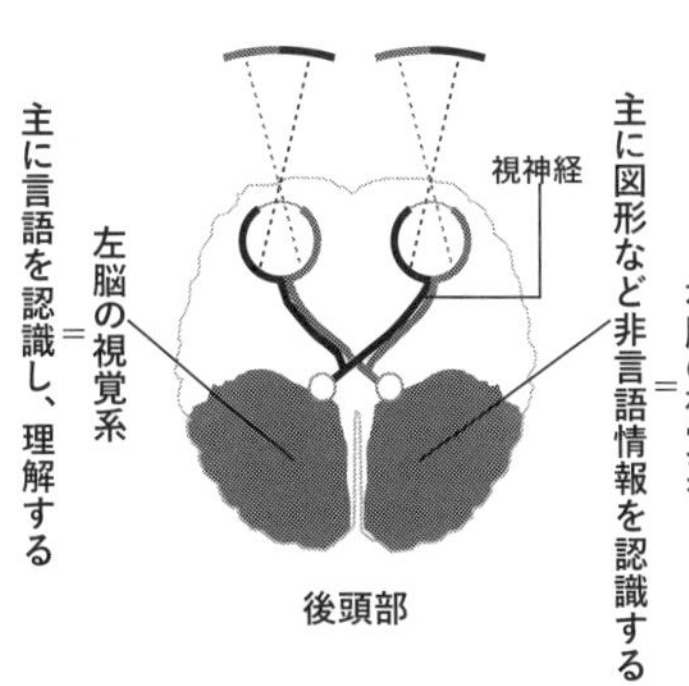


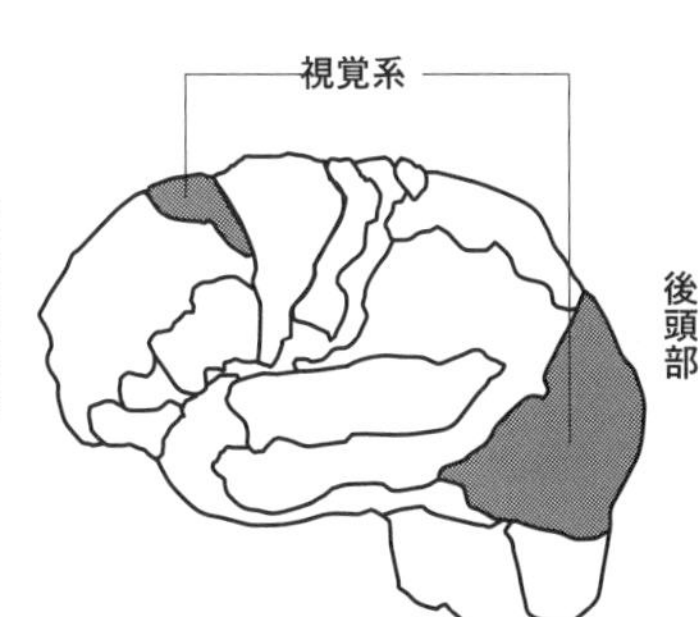

る、脳の働きが大きくものを言います。**この「目利き」の機能は、そのままセンスにつながるもの**だと言えるでしょう。

ファッションにしても、家のインテリアやコーディネートにしても、家具や調度品の選択にしても、この「目利き」の力がものを言います。

誰かの家に招かれたとき、一歩玄関に足を踏み入れただけで、その家に住む人のセンスがわかります。

家具や調度品に統一感があり、その人の趣味が出ている家があれば、ほとんどそういうものにこだわらず、不統一でバラバラの家もあります。

前者はセンスが高い人であり、「目利き」の力が高い人であり、後者は残念ながらセンスが低く、「目利き」ができない人と判断できます。

## 音楽家は右脳の聴覚系が発達

次に、**「聞く脳」**は左脳右脳の側頭葉にある**「聴覚系脳番地」**と側頭葉、頭頂葉にまたがる**「理解系番地」**が密接に関わっています。

聴覚系も、左右の脳で役割分担があります。左脳は言語を聞き取る役目で、右脳はそれ以外の周囲の音に注意を向けて聞き分ける役目があります。

すべての脳番地に言えることですが、外からの刺激を受けて脳は発達していきます。

聴覚系は最初に赤ちゃんが母親の声を聞き、それを言語として必死に読み取ろうとすることで成長していきます。

聴覚系脳番地の神経細胞が触手を伸ばし、ネットワークが広がることで、母親の言葉の意味を理解し、自らも言葉を

## 聞く脳
（聴覚系脳番地のしくみ）

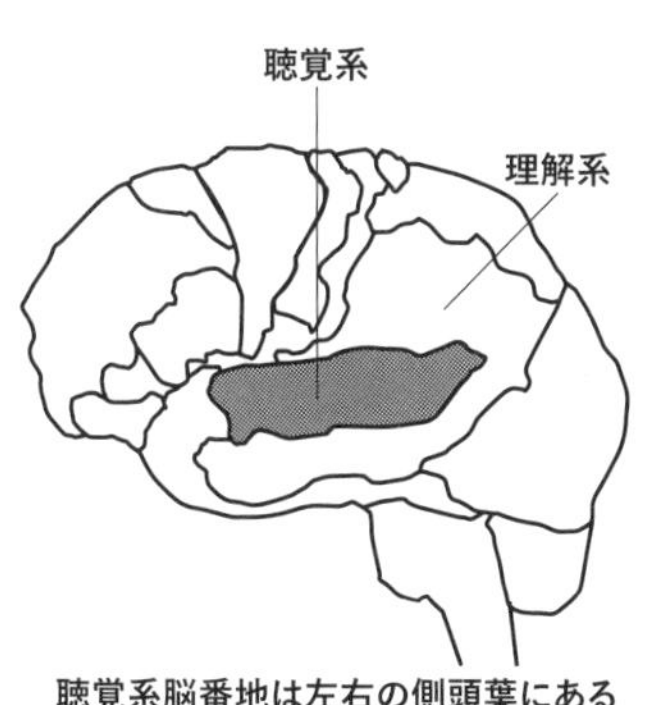

聴覚系脳番地は左右の側頭葉にある

耳から聴覚系脳番地への情報伝達

前頭葉

右脳の聴覚系＝主に言語以外の音声を認識する

左脳の聴覚系＝主に言語の音を取り入れる

後頭葉

しゃべることができるようになります。

相手の話を聞くということは、コミュニケーションの基本です。まず相手を理解しなければ関係は成り立ちません。

話し上手は聞き上手という言葉がありますが、**コミュニケーションの達人は決まって聞き上手な人です。**

前に例を挙げた古舘伊知郎さんはその典型でしょう。また、テレビの取材で私がMRI診断をした人では、黒柳徹子さんの脳が印象的でした。

黒柳さんの脳は、**聴覚系はもちろんですが、理解系脳番地が非常に発達していました。**相手の話を聞いて、その内容を即座に理解し、的確な言葉を返す。「徹子の部屋」という長寿番組で、たくさんの方と対談し、軽妙な会話で私たちを楽しませてくれるのは、彼女のたぐいまれなほどに発達した理解系脳番地のなせる業でした。

その理解系を発達させるきっかけは、やはり人の話をしっかり聞くことができる能力、すなわち聴覚系の発達が大前提となります。

対象の存在や意図するところを素早く認識する。そして理解系によって、その意味や価値を理解する一連の脳の働きは、そのままセンスにつながります。

左脳の聴覚系が主に言語を理解する脳だとして、右脳の聴覚系は言語以外の音声の認識に関わっています。音楽家、演奏家などはとくにこの右脳の聴覚系が発達しています。

右脳の聴覚系が発達している人は、音をイメージや感情に変換するのが得意です。作曲家は自分のイメージや感情を音符で表しますが、まさに右脳の聴覚系が発達している人だと言えるでしょう。

ちなみに聴覚系が発達している職業は、ほかにテレフォンアポインターや塾講師、落語家の人たちも発達しています。おそらく師匠の講演をしっかりと聞きながら、覚えるからでしょう。

# 「感じる脳」こそがセンスの源

**「感じる脳」**は、主に**「感情系脳番地」**と**「思考系脳番地」**、**「理解系脳番地」**など広範な脳番地が関係しています。これまでお話ししてきた「見る」「聞く」それぞれの働きを統合し、最終的に一つの感覚として把握し、認識する脳だと言えます。

この章の最初に触れたテストドライバーによる、「乗り心地」の診断などは、まさにこの「感じる脳」のもたらすものと言えるでしょう。

皮膚感覚、嗅覚や直感のようなものまで、人間の肉体から入ってくるさまざまな情報をキャッチし、ときにそれを脳内で増幅させる。

**これらの感覚の総体が「感じる」ということ**であり、それをつかさどるのが「感じる脳」というわけです。

「見る」「聞く」の働きの多くが言語的、論理的な思考によって構成され、おもに左脳で処理されるのに対して、**「感じる脳」は環境の変化に敏感な右脳の活動が主な役割**になります。

ですから反応処理が早く、直感や第六感、イメージの喚起などにつながっていきます。まさに、**「感じる脳」こそ、その人のセンスを形作っているのです。**

この「感じる脳」が発達することで、センスが高まり、美的感受性も高まります。自然の景色や景観を見て「美しい」と感じる。絵画や音楽を聞いて美しいとか心地よいと感じる。食事をしておいしいと感じる。

人間として豊かな生活を送るために不可欠な「感じる」感覚が、この「感じる脳」で形作られるのです。

今の時代、この肝心な**「感じる脳」が**

## 感じる脳
（感情系脳番地のしくみ）

扁桃体＝感情センサー

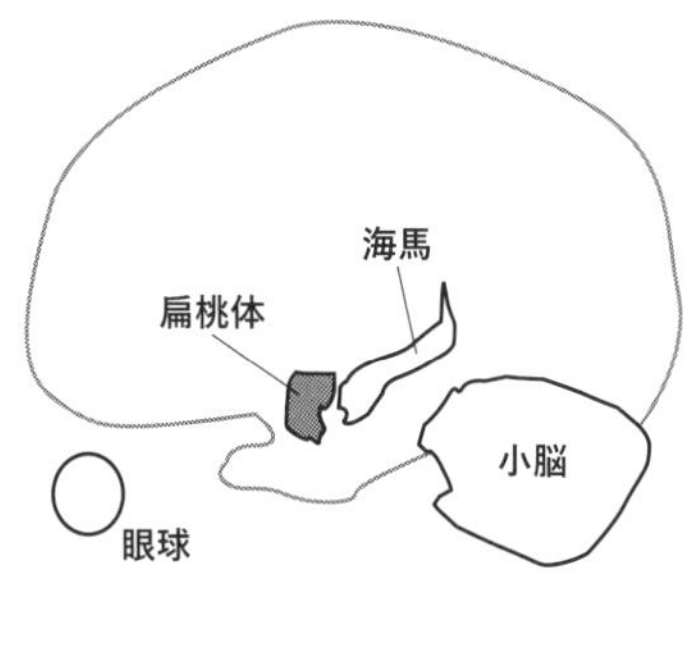


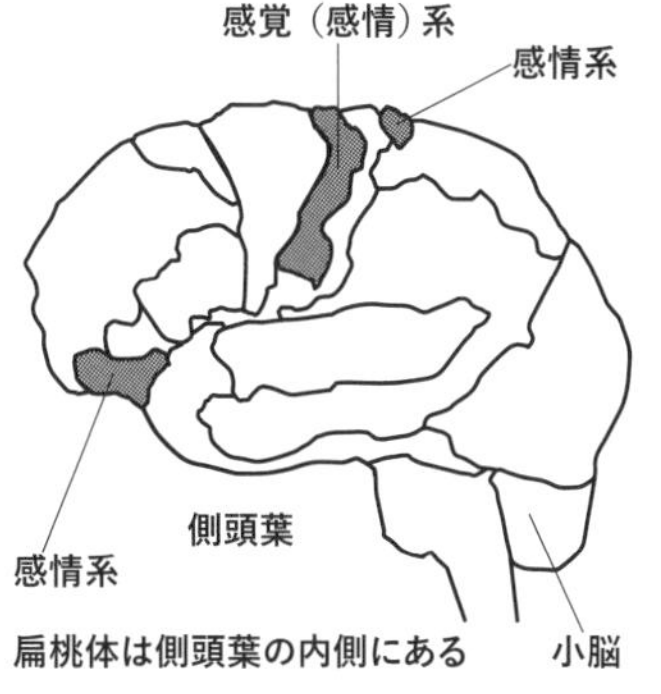

**鈍くなっている人が多い**ように思います。たしかに巷に情報は溢れていますが、その情報はあまりにも偏りが大きい。

文字情報にしても映像的な情報にしても、メディアやSNSなどに乗った時点で誰かによって編集され、意図的に作られたものがほとんどです。

すると与えられた情報は、限定的なものになりがちです。一見、私たちの身の回りは情報に溢れているようですが、その実は非常に狭い限られた範囲の、あるいは非常に薄い情報でしかないという状況があるように思います。

たとえば、最近は新型コロナ感染症の対策で、対面することを避けるため、リモートでの取材も増えました。

ZOOMなどのツールは同時に大勢が参加できるので、離れていても相手の顔を見ながら会議なども行うことができる。たしかにこれが無料でも行えるのですから、大変便利な時代になりました。

しかし、直接会って話をするときに交わされる情報は、言葉を使った会話だけではありません。相手の表情はもちろん、ちょっとしたしぐさ、雰囲気も大きな情報です。同じ空間にいるということで、一種の空気感や緊張感を共有する。これもまた情報でしょう。

**こういう雑多な情報を総合しながら、私たちは相手を理解するのが本来のコミュニケーション**なのです。

視覚や聴覚だけでなく、嗅覚や触覚、雰囲気や直感的なものを含め、脳番地をフル回転させ、左脳と右脳を上手に使い分けながら脳全体を使って相手からの情報をキャッチして理解するわけです。

それに対して電話やメール、ＳＮＳやテレビ電話などのツールはどんなに優れたものであっても、本来の情報の一部しかやり取りできないものです。

そのコミュニケーションが主流になっている今の時代は、私たちはいつしか知らずのうちに、**五感全体をフル回転させるコミュニケーションの仕方を忘れてしまいがち**です。

当然、それらの感覚、すなわち「感じる脳」が働きにくい時代になってきている。それによって個々人のセンスも磨きにくい時代になっている、というのが私の考えです。

センスにとって核になる、「感じる脳」を、私たちは今後一層意識しながら、鍛えていかねばならない時代だと言えるでしょう。

## 脳全体を鍛えるには運動系から

**「動く脳」**は、小脳や大脳基底核と、大脳皮質の頭頂部から左右の耳の位置の方向にカチューシャのように広がる**「運動系脳番地」**と、言葉を発したり書いたりする**「伝達系脳番地」**が関係しています。

じつは人間の大脳の脳番地の中で、最初に成長するのが「感覚系（感情系）」と「運動系」です。赤ちゃんが母親の胎内で体を動かすことから始まり、生まれてからも手足をばたつかせたり、寝返りをうったり、お乳を飲んだりと、一連の運動が生命維持に不可欠です。

この運動系の発達よりわずかに早く発達するのが、感覚系です。感覚系は、脳の深部にある視床（直径3センチほどの楕円の卵が左右に横並びになっている）と、カチューシャのように広がる運動系と接して広がる脳番地です。

　視床は、大脳の枝ぶりが発達する胎児の時期から発達し、人間が行動することで大脳の脳番地と縦横無尽にネットワークを発達させていきます。

　生後は、大脳の感覚系、運動系が最初に発達し、その後に前頭葉の思考系、感情系が、最後に脳の後ろの部分である視覚系や聴覚系、思考系が発達していきます。

　思考や感情を言葉や声、表情や体の動きで表現することで人間は自己表現し、アウトプットを行い、コミュニケーションを行います。

## 動く脳
（運動系脳番地のしくみ）

真上から見た運動系脳番地

前

左脳　口　右手　右足　左足　左手　口　右脳

感覚系　感覚系

後

運動系脳番地は手、足、口など体を動かす機能がわかれて分布している

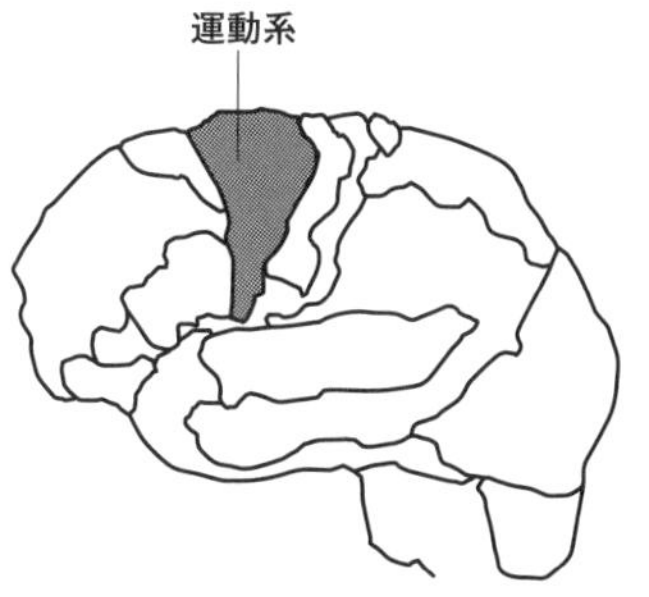


運動系脳番地は前頭葉の中にある

第1章でもお話ししたように、センスというのは繊細に情報をキャッチし、感じ取るだけでなく、**それに対する自分の判断や反応を相手に示す＝アウトプットすることで完成**します。

**アウトプットすることは、すなわち私たちの肉体を使って表現する**ということです。言葉で感じたことを話すのも、文字で自分の気持ちを表すのも、声帯や口を使い、手や目を使って表します。つまりは運動が関係しているのです。

人間のすべての感覚の源に運動が関わっていて、しかも自分を表現するのにも運動が不可欠である。このことを考えると、脳は感覚系と運動系が表裏一体をなして、最高のパフォーマンスを生み出すように構築されており、運動が人間にとっていかに大切なことであるかがわかると思います。

脳科学的にも、先ほどの発声の話にもありましたが、すべての脳とその機能の基本に、この運動系脳番地がある。ですから脳全体を鍛えるには、運動系をまず鍛えることが基本であり、大事なのです。

**センスは体の動きに出る、**と私は考えています。センスが鈍い人は体の動かし方も鈍い。バタバタとドン臭い。

鋭い人の動きはシャープであり、ムダがなく、繊細で優雅でもあります。

ですから、運動系脳番地が発達している職業としては、プロスポーツ選手はもちろんですが、意外に芸術系の人が多い。演奏家などはその典型でしょう。

ピアニストやバイオリトなどは手や足、体全体の動きが連動することが求められます。しかも非常に繊細で複雑です。また絵画や彫刻などの芸術も同じです。

表現するということは、運動と常に結びついています。そして高度な表現活動であるほど、繊細で微妙な動きが求められるのです。

「動く悩」には、体の動きだけでなく、その人の行動という意味での動きも含まれています。

たとえば休みの日にどこに行き、どんな行動をするか？

何もせずにゴロゴロしていて気がつくともう夕方になっている。そんな休日しか過ごしていない人の脳はどんどん退化していくでしょう。

一方で、早めに休みの予定を決め、どこへ行き何をするかを決めている人は、「動く脳」が研ぎ澄まされ、発達している人だと言えます。

行動することによって、私たちは未知の世界に飛び込み、未知の情報に触れることができます。

非日常に向き合うことで、私たちの脳は大いに刺激を受け、どんどん成長していきます。それはまた新たな意欲を生み、さらなる行動へとつながっていく。それは「動く脳」だけでなく「見る脳」「聴く脳」「感じる脳」を刺激していきます。

**「動く脳」が発達している人は、加速度的に脳が成長します。**それに対してダラダラとして動かない人の脳は、どんどん衰え、退化していくのです。

## 行動することでセンスが身につく

仕事を考えたとき、この「動く脳」が鋭敏に働いているかどうかが大きく関係します。というのは、仕事は常に結果が求められます。どんなに感受性が豊かで、知識や情報が豊富であっても、最終的によいアウトプットがなければ評価されません。アウトプットには自ら身体を使って動く必要があります。

たまに、「彼は評論家だから」と評されるビジネスパーソンがいますが、決して誉め言葉ではありませんね。仕事をする上で口だけの人は不要なのです。**あくまでも行動し、実践する人こそが評価される。**

ビジネスパーソンにとって、行動と実践は大前提であり、それを司る「動く脳」が大事になるのです。


動くことで、私たちは多くのチャンスに出会います。人と会うことで、あらたな可能性が広がっていきます。ビジネスチャンスもその中に眠っているでしょう。また仕事だけでなく、自分の生き方を左右するような出会いもあるかもしれません。

同時に、未知なるものの中には危険なものもあるでしょう。自分を貶めたり、傷つけたりするような人や出来事に遭遇する可能性もある。

そのようなリスクに向き合ったときに、どう対応するか？　それも貴重な自分の経験値として残っていきます。

行動には常にこのようなチャンスとリスクの両方があります。自己の成長のためにはリスクを恐れず、さまざまなチャンスと可能性を求めていく必要がある。それは脳を刺激し、成長させるきっかけになるのです。

行動すること、それを司る「動く脳」を働かせることで、私たちはさまざまな感性、センスを身につけることができるのです。

## センスと美的感受性の関係

「センス脳」の構造を掘り下げていくと、どうしても突き当たる言葉があります。それが「美」という言葉です。「美しい」と感じること。すなわち美的感性がセンスには不可欠な要素なのです。

HSP（Highly Sensitive Person）という言葉を知っていますか？ 感受性が過敏な人のことですが、最近では「傷つきやすい人」「繊細過ぎる人」というタイトルやキャッチコピーで本になっています。

普通の人なら何でもない、ちょっとしたことで動揺したり、傷ついたり、ショックを受けてしまう。繊細過ぎるがゆえに社会生活がうまく行かない場合も起きるので、ＨＳＰの人は自分の傾向と特徴を知ってうまく対応することが求められます。

ただし、一方でその繊細さがうまく作用して、創造的な仕事につながる可能性があります。

感受性が豊かで鋭敏であるということは、すなわちセンスが高いということにもなります。それが創造的な仕事に生きてくるわけです。

絵を見て美しいと感じたり、音楽を聞いて心地よいと感じるのは感覚器官が刺激をキャッチして、それを脳がどう判断するかにかかっています。

美的感受性すなわち美的センスの高い人は、普通の人がスルーしてしまうところに美を感じ、脳が興奮し、それが感情の高まりにまでつながっていきます。

大自然や芸術作品に相対したときの感動は、このような美的感受性の強い人ほど激しくなります。それにインスパイアされて、創造的な行動や活動につながっていくわけです。

先日、このＨＳＰに関する論文を読んでいたところ、面白い指摘を見つけましたるのです。

（※）。HSP診断の項目の中に、**aesthetic sensitivity（美的感受性）**というのがあ

感性が繊細になるということは、美的なものに対する感性も同じように高くなるということなのでしょう。

美的感受性が、じつはセンス脳にも大きく関わっているのではないか？　私自身の中にあった一つの仮説が実証されたように感じて、興味を持ったのです。

ちなみにHSPのチェックは、全体で20項目くらいの質問があり、美的感受性については、そのうち5つ質問がありました。それらを簡単に紹介しましょう。

**質問❶**

**「あなたは自分の周りの環境に対して、ほかの人以上にこまかく目が行き届いていますか？」**

たとえば家のなかでもインテリアに注意を払ったり、観葉植物や花を飾ったり、壁に絵を掛けたりして、自分の周りの空間を少しでも心地の良いものにしようとしているでしょうか？

※Ershova RV, Yarmotz EV, Koryagina TM, Semeniak IV, Shlyakhta DA, Tarnow E. A psychometric evaluation of the highly sensitive person scale: the components of sensory-processing sensitivity. Electron J Gen Med. 2018;15(6):em96.

職場の机周りも整頓していて、引き出しのなかも整理され、何がどこにあるかしっかりと決められている。仕事をする上で、快適な環境を整えているでしょうか？　おしゃれに気を使っていて、自分なりのこだわりや趣向があるか？　食事に関してもコンビニやファーストフードばかりではなく、安全で健康に良いもの、おいしいものを意識的に選択しているか？

衣食住、そして仕事という生活のあらゆる場面において、環境を少しでも良くしようと目を配る繊細さ、鋭敏さが美的感覚につながっています。

それには**「何が自分にとって好ましいか？」「何に対して美しいと感じるか？」**という、価値基準、判断基準が自分の中ではっきりしていなければなりません。

その上でより美しく快適なものを目指していく。環境を変えていくことが必要になります。というか、美的感受性の強い人は必然的にそうなっていくでしょう。

繊細な感受性があるだけでなく、行動する。やはりインプットだけでなく、アウトプットまでが揃っていて美的感受性、美的センスが高いということになるわけです。

## 質問❷

**「環境が不快なときは、それを快適なものにするために、より適切な行動をとっていますか？」**

最初の質問に関連していますが、環境に対して「不快だ」と感じた場合、それを避けたり改善するために、どうすればいいかを理解し、適切な行動をとれているでしょうか。

たとえば、照明が明るすぎると感じたときに、調整するコントローラーなどがない場合どうするか？　移動できる照明器具なら配置を変える、何かしらの遮蔽物を近くに設置する。宴会で座敷に座るのに、あぐらをかくのがきつい人がいるとして、近くの座布団を重ねておしりを高くすることでラクにしてあげる……。

その場その場で機転を利かせ、不快な環境を一瞬で改善できる人は、「あいつ気が利くな」と評価が高まります。**環境を改善するということは、それ自体が創造的な行為でもあります。**

このような感覚と能力が、じつは美的感受性に源があるということが、面白い発見でもありました。

逆に、部屋の整理ができていない人、汚れていても不快に感じることもない人、あるいは感じていても改善しようと努力しない人は美的感受性が低い。**プライベートでも仕事の場面でも、そういう人はセンスを疑われ、信用されにくいということがある**と思います。

今の環境の中で足りないものを感じたときに、ちょっとした工夫ができるかどうか？　何かを足すことで環境を変えることができるかどうか？　それによって環境はもちろん自分の気持ちも、他者からの評価も大きく変わるわけです。

## 質問❸

## 「豊かで複雑な内面の生活はありますか？」

たとえば何かを食べたときに、単に「おいしい」というだけではなく、その料理の仕方や味付けの仕方を想像したり、その料理の歴史や料理が生まれた地域性のことを考える。あるいは過去に食べたものを思い出したりなど、思考が広がり深まっていくかどうか？

前にバナナを見たときの人間とサルの違いに触れましたが、まさにその話と同じでしょう。人間はある情報を得たときに、それを脳のさまざまな場所に送ることで、より多面的に対象を捉えることができるという話をしました。

それがまさに、「豊か（rich）で複雑（complex）な内面の生活」ということだと思います。

食器にしてもテーブルや椅子にしても、どういうものがいいか？ 自分の趣味に従って選ぶ。単に情報に流されて流行やブランドを追うのではなく、**「これこれこういう理由で自分はこれを選んでいる」**と、しっかりと言える。

それには前提として、「豊かで複雑な内面の生活」がなければなりません。漫然と与えられたもの、流されている情報に従っているだけでは、内面世界は豊かにも複雑にもならないのです。

おそらく、それには体験値がものをいうのでしょう。何かに感動して「これはいい！」と思わず口にしてしまう。そしてその良さを誰かに語りたくなる。手に入れてみる。それを使ったときの感覚を味わう……。

そのような**体験値にもとづいた言葉は、聞いている方も刺激的で触発されます。**

ところが同じ語りでも、単に知識だけ身につけている人は、衒学的で言葉に説得力がありません。むしろ蘊蓄と講釈ばかりの嫌みな人物に見えてしまう怖れがあります。体験と経験に裏打ちされた言葉は、人の心に直接響きます。それが本人の実感と感動、つまりセンスにもとづいているからです。

## 質問❹

## 「芸術や音楽に心を動かされていますか？」

絵画や音楽などに心動かされるかどうかは、やはり一番わかりやすいポイントでしょう。

若いときはよく音楽を聞いたり、芸術に興味をもって展覧会などに足を運んだ人も、社会人になり仕事が忙しくなると、次第にその感覚を忘れてしまいがちです。

女性は年をとっても芸術関係に興味のある人が多いのですが、男性はオジサンになるほど疎くなってしまう人がほとんどではないでしょうか？　飲んで話すのは仕事とビジネスのこと、政治や経済などのお堅い話ばかり。

正直、面白い話だと思えないことが多い。もっと芸術や文化的な話をしたらどうかと思うのは私だけでしょうか？　そんなオジサンもおそらく若い学生のときはもっと違う、柔らかい話題で盛り上がっていたはずなのです。

映画や演劇でもいいし、盆栽や茶器などの骨とう品など、渋いものでも構いません。なにかしら**自分の心を動かす好きなもの、興味の湧く芸術領域を持つことが大事**でしょう。

私は展覧会や演劇、コンサートなどにも機会があれば行くようにしています。絵画ならダリなどのシュールレアリズムが好きですし、茶器にも興味があります。どんな分野で何でもいいのですが、自分の興味のある分野、領域を意識的に持ち、折あればそれらに触れる機会を設けることが大事でしょう。

以上のような美的感受性、美的センスが敏感な人々の要素であり特徴だというわけです。この美的センスは、論文によればＩＱとは全く相関がないそうです。

ＩＱが高くても美的感受性の低い人がいるし、逆に低くても美的感受性の高い人もいる。むしろ私の実感としては、**学校の勉強ができる秀才タイプは、美的な領域に対**

**して不得手の人が多い**ように感じます。

学校の勉強というのは、基本的に左脳優先です。暗記し、問題を解く際に使うのは、言葉と数字であり、それらを司る左脳です。感覚や感性といった右脳の働きはむしろ邪魔になる場合が多いでしょう。

どんなに教科書を読み、勉強に力を入れたとしても、美的感受性＝美的センスは磨かれません。**勉強するほどに左脳が優位に発達し、感性や美的感覚を司る右脳の働きは相対的に抑えられてしまいます。**

ただし、実際に社会に出て仕事をしたとき、ガチガチの秀才タイプが仕事ができるか？　理屈でモノを考えても、感じ取ることが苦手な人は人間関係でも、仕事でもうまくこなすことができません。

頭でっかちでプライドは高いけれど、実際に物事を敏感に察知することも苦手なら、機敏に体を動かすことも不得手です。

社会で活躍している人は勉強のできる秀才型よりも、感覚が鋭敏で感受性の豊かな人が多いです。そして表現力のある人が多い。

勉強ができるタイプは、事務処理能力はあるかもしれません。しかし、複雑な人間関係の綾を理解したり、何か新しいものを作り出す創造的な仕事は不得手です。

前にもお話ししましたが、仕事力を上げるには個々の能力を上げるのも大切ですが、その前提としてセンスを磨くことが大事です。

その点、美的感受性は生まれつきの要素も多少はあるでしょうが、多分に訓練と経験によるところが大きいのです。

その意味で、今の学校教育そのものにも大いに問題があると考えています。言語能力優先の教育ではなく、バランスを取る意味でも非言語の能力、感覚や感性を鍛える勉強、カリキュラムをもっと増やすべきです。

現在の学校教育では唯一、美術がそれにあたるでしょう。ところが残念ながら美術は、他の5科目に対してあくまでも補足的です。1週間のコマはほぼ1枠で、重要視されていません。

**将来、クリエイティブな仕事をしていく創造的な人材を育成するなら、美的教育こそが重視されなければならないと思います。**

つまりは、脳番地をバランスよく使い、非言語の情報を入れるため、右脳をもっと活用し、美的感受性を高めた、立派な「センス脳」を持つ人間を育成すること。

ＡＩが台頭する時代だからこそ、人間的な感受性、美的なセンス豊かな脳を育む必要があるのです。

## 質問❺
## 「繊細で上質な香り、味、音、芸術作品に触れ、楽しんでいますか？」

これからは左脳型の秀才タイプより、センス脳を兼ね備えた創造性に溢れる人材が必要になります。

単にいい高校、大学を出ているとか、成績が優秀かどうかではなく、センスがある人かどうか？　センス脳を持っているかどうか？　が問われる時代に入ってきています。

ですから、これからの入社面接も、質問５のような問いが大きなポイントになってくるはずです。

嗅覚、味覚、聴覚、視覚といった人間の五感を総動員させ、感じる生活をしているかどうか？　センス脳の持ち主はこれらの感覚すべてに鋭敏です。

そういう人は**周囲に良く気づき、適切な対応を取ることができる人**です。それは即、優秀なビジネスパーソンでしょう。意識の高い面接官は、すでにこのことに気づいているかもしれません。

そして出身大学や成績より、普段の生活のなかで美的なものにどれだけ触れているかを聞き出すはずです。

ただ、あまりにも刺激に敏感で、ＨＳＰの傾向が激しく、病的な状態であると困ります。

その点、前出の論文に興味深いことが書いてありました。

これまで美的感受性は、人格とは直接相関関係はないと考えられていました。ところがその研究では、「美的経験とその結果は、性格特性によって変わることが示唆できる」というのです。

少し難しい表現ですが、つまりは美的感受性は何かしら、性格的なものと関係しているということです。

その中でメンタルアビリティ（Mental Ability）という言葉が出てきます。美的感受性の高い人はこのメンタルアビリティ、精神力が強いというのです。

これは動機付けと関連していますが、美的なものに感動すると、それによって精神が高揚し、表現活動などなにかしらの行動の動機につながっていく。

このような動機付けがたくさんある人は精神的なバイタリティーに溢れ、前向きでオープンマインド（開放的）です。

よく画家や音楽家で、大変にエネルギッシュで前向きな人がいますね。彼らは押しなべて明るく、人に対してオープンです。

ＨＳＰは刺激に過敏なために極端になると刺激を恐れ、人間関係が面倒になり、引きこもりになってしまう場合があります。

ところが同時に美的感受性が高いと、メンタルアビリティ＝精神力が強くなる。エネルギッシュで開放的になる。

私なりの考えですが、美的感受性によってＨＳＰのマイナスの部分を補う可能性があるということではないかということです。

# 世界のエリートは美意識を鍛えている

美的感受性は、大きな可能性とパワーを秘めています。それを可能にするのが、私の言うところの「センス脳」ということです。

美的感受性は人格を陶冶し、精神力を高める。このことにいち早く気がついていたのが、ギリシャ時代の人たちでしょう。

彼らは目指すべき人格として「真・善・美」を掲げました。真理を追究する学問、善なるものを追求する宗教や哲学にならんで、美しいものを学ぶ芸術が大切だと考えました。

そして美的感覚は、人格の円満な完成の上で不可欠な要素だと考えたのです。芸術教育は非常に重んじられた。美に鋭敏な人格は究極なところでバランスを失わない。美に対する強い信頼と憧れがあったのです。

残念ですが、**現代人はギリシャの人たちほど美を重んじているとは言えません。**

どちらかと言えば学問の領域である「真」がもっとも尊重され、その次に正しいこと、善良なる行いを重視する「善」が重んじられ、美は最後になる感じでしょうか。

現代社会はビジネス社会であり、利益を追求するために論理的にものを考え、数字で結果を判断することが必然的に重んじられる社会です。

しかしながら、そんな社会の中で活躍するにはさまざまなセンスが肝要であることはすでに述べたとおりです。さらにそのセンスでも、美的な感性が重要な要素を占めているのです。

数年前に『世界のエリートはなぜ「美意識」を鍛えるのか？　経営における「アート」と「サイエンス」』（山口周著　光文社新書）という本が売れました。

**今、世界のエリートは論理性だけでなく、直感や感性の重要性を認識し、美意識を鍛えている**というのです。

高度で複雑化したビジネス社会ではガチガチの論理性だけでは対応できない。直観力と感性がモノをいう社会になっている。

だから彼らは絵画や音楽、舞台などの芸術に触れ、感性を磨いているというのです。

そもそも西洋のエリートたちは、昔から幅広い教養を求められました。彼らは学問やビジネスはもちろんですが、芸術にも通じ、文学や歴史、哲学などにも見識がありました。

いわゆる西洋の本当のエリートと呼ばれる人たちは、このような幅広い教養を身につけ、社交の上でも大いにそれを武器にしたのです。

## センスの伸びしろは大きい

日本でも、戦前まではこのような幅広い教養を学ばせるエリート教育がありました。旧制中学、旧制高校という教育制度の中で、とくに中学生に求められたのは幅広い教養でした。

文系理系を超え、美術教育なども含めたリベラルアーツと呼ばれるこれらの教養は、現在の大学の教養課程がそれに当たります。戦前は、中学がその過程を学ぶ学校とされていました。

リベラルアーツの基本の考え方は古くローマ、ギリシャにまで遡ります。その中で音楽などを中心に美術など美的教育も行われていたのです。

現在はビジネス社会となり、幅広い教養よりもどちらかと言えば即戦力としての実践的な教育、実学が重視される世の中です。どうしても美的教育は、その中で後ろの方に追いやられがちです。

しかしビジネス社会の最先端では、むしろ再び美的教育、美的教養の必要性が叫ばれているのです。

センスという要素はその流れの中で、今後ますます注目を浴びることと考えています。そしてセンスを育み、美的感受性をはじめとするさまざまなセンスを磨いた人が生き残っていくと考えます。

私個人としては、人間のさまざまな能力の中で、このセンスはまだまだ未開発分野であると思っています。

つまりそれだけ伸びしろが大きい。

**センスの大事さに気づき、脳を鍛えることで、私たち人間の能力はさらに大きく伸び、次の段階に進むのではないか**と考えています。

大きな可能性を秘めたセンスと脳の仕組みを知り、それを磨く方法を以降の章で具体的に解説していきたいと思います。

Chapter 3

Methods to improve the senses of “Watching”,“Listening”,“Feeling”,“Moving”

# 第3章

# 「見る」「聞く」「感じる」「動く」4つのセンスを上げる脳習慣

# センスのいい人とつき合う効果

前にもお話ししたように、人間の脳は基本的にいくつになっても成長するものです。これまで多くのＭＲＩ画像で脳を解析した私の結論です。

センスという一見わかりにくい能力も、**脳を作りかえることで高めることができる**でしょう。この章では、私たちの脳を〝センスを生み出す脳〟に作り変えるための方法をご紹介していきたいと思います。

すでにお話ししたように、センス脳は思考系や伝達系、視覚系や聴覚系といった個々の脳番地のどこが発達しているというものではありません。

それぞれの脳番地がネットワークとしてつながり、緊密に情報を交換することができている脳だと考えます。

すべての脳番地が連動し、ムダなく働いている。そのスマートな流れがセンスということになるでしょう。

そんなセンスを高めるには、**個々の脳番地を鍛える前に、センスのいいものに触れることが基本です。**

展覧会や演奏会に足を運び、一流の絵画や音楽などの芸術作品に触れる。たまには、一流の料理店でおいしい料理を食べる。あるいは都会の雑踏を離れ、大自然に抱かれるような旅をしてみる……。

今の社会は便利で安いものがたくさんあり、生活しやすくなりました。１００円ショップに行けば、ほとんどの日用品は安く手に入ります。コンビニやスーパーに行けば、安い食材や食品が並んでいる。

ユーチューブで無料の動画がいくらでも見られるし、その他無料ソフトやゲームで楽しむこともできます。

私たちの周りには、安価や無料でそこそこの生活を維持し、楽しめるもので溢れています。それらを上手に利用することは大事なことでしょう。

ただし、安かろう悪かろうで、安価なものだけに囲まれていると、感性はそれ以上には育ちません。やはり、ときには**上質のもの、センスのあるものに触れ、違いを知っておく必要があります。**

このことはモノや商品だけではありません。人も同じです。審美眼を兼ね備えたセンスのある人物と知り合い、交友関係を持つことも大切でしょう。

センスのある人は、日常のどんな場面においても、**その選択や行動、考え方にキラリと光るものがあります。**それを実際に近くで触れるだけで、大変な刺激となるはずです。

それまで自分がこだわりもなくスルーしていたことに、センスのある人は立ち止まり、自分で判断し、選択し、行動します。

逆に、自分がこれまでさんざん躓いていたこと、気になっていたことを、いとも鮮やかにクリアし、平然としていることもあるかもしれません。センスのある人の一挙手一投足が新鮮な刺激であり、学びのチャンスになると思います。

センスのあるものに触れる、センスのある人とつき合うことで、私たちは脳全体に刺激を受け、センス脳のネットワークを強化することになるのです。

# 失敗体験がセンスを育む

もう一つ、センスを育む方法は、さまざまな体験を積むことです。どんなに情報をたくさん集めても、知識を増やしても、センスにはなりません。センスは常に体験を通じて身につくものです。

身体を動かし、目と耳、鼻や舌という触覚器を使い、脳に刺激と信号を送る。そしてそれに対する反応を言葉や仕草、態度などでアウトプットする。**この一連の脳の活動が、一つの体験となり、その人のセンスとして形作られていくのです。**

その意味で、**一番学びの多い効果的な体験が〝失敗体験〟**です。失敗体験ほど、たくさんの情報を得られる体験はありません。それは強烈な刺激となり、脳番地のさまざまな部分を活性化させます。

人は失敗をすると、落ち込んだりショックを受けます。そのストレスはある程度のものであれば、脳に対する強烈な刺激になります。

さらになぜ失敗したのか、その理由を考えます。記憶系や感情系、理解系などの脳番地をフル回転させ、失敗の原因を探り、次回どうしたらいいか、対応策や改善策を考えます。

ところが、大過なく事が運んだときは、これまでの経験から何も変える必要がないことが多く、ほとんど脳は働きません。成功したときの喜びのようなものは、ドーパミンなどの脳内物質の分泌で感じるかもしれませんが、脳全体がフル回転するわけではありません。

つまり、失敗したときほど脳は成長し、それが経験値となってセンスに結びついていくと考えます。

大事なことは、**失敗したときにしっかりと現実と向き合う**ことです。失敗したことを認め、なぜうまく行かなかったかを冷静に考える。ここで、ごまかしたり逃げたりしては、脳が成長するためのターニングポイントをスルーしてしまい、せっかくの脳の成長のチャンスを逃してしまいます。

また、チャレンジする精神も大事になります。「チャレンジ」と「失敗」は表裏のものです。残念ながら若い人の傾向として、失敗を恐れるあまりチャレンジをしないということがあります。

未知の領域にチャレンジすることが、そもそも大いに脳を使うことになります。そして仮に失敗しても、それにしっかりと向き合うことで、さらに脳を使い成長させることができる。それがさまざまなセンスを磨くことにつながります。

失敗を恐れ、チャレンジしない人はみすみすそのチャンスを逃しているということ。

**センスを高めるには、失敗を恐れずチャレンジし、さらに失敗を経験することが肝要なのです。**

まずは失敗体験が、センスを高める上で大切であると説明しましたが、この3章では、2章でお話しした**「見るセンス」「聞くセンス」「感じるセンス」「動くセンス」**の4つのセンスを中心に、より具体的にセンスを生み出す脳の作り方を見ていきましょう。

それぞれのセンスを高めるためのトレーニング法、習慣とは何か？　より実践的な方法について解説していきます。

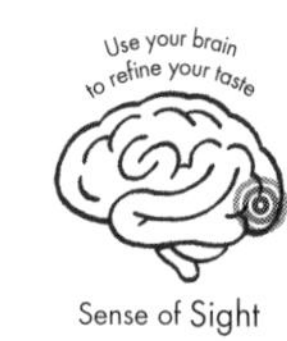


# 「見るセンス」を磨く
## ——情報を的確にキャッチする脳をつくる

「見るセンス」を高めるための脳習慣を、いくつか挙げてみましょう。あらゆる感覚の中で、「視覚」というのは非常に大きな意味と力を持っています。**情報をキャッチするセンスとして、「見るセンス」はやはり中心的な役割を担います。**

センスのある人は、まず「見るセンス」が鋭敏で、洗練されている人だと言えるでしょう。

逆にこのセンスを持ち合わせないと、なかなか他のセンスも関連して上ってくることが難しいのです。

色や形、空間の配置やバランス、美醜の判定などは視覚に関わっていて、しかもセンスがより際立つ部分だからです。

**「見るセンス」を司る脳番地は、「視覚系」と「理解系」「思考系」が中心になります。**

そのことを踏まえながら、大切な「見るセンス」を磨く脳習慣としてどんなものがあるか。以下に挙げていきましょう。

見るセンスを磨く①

## テーマを決めて人間観察をする

電車の中や街中を歩いているとき、あるいは職場や取引先などで、私たちは毎日たくさんの人と面しています。

ところが、意外に目に入っているようで、しっかりと見ていないことが多いのではないでしょうか？

打ち合わせで対面した相手の服装をちゃんと覚えているでしょうか？　顔の特徴や髪形がどんなふうだったか？　意外に正確に思い出せないことが多いと思います。

ただ漠然と見るのではなく、注意を払って見ることで、私たちの視覚系と理解系の脳番地が活発に働き、連動するようになります。

その際のポイントが**「テーマを決める」**ことです。

たとえば、「今日はセンスのいい格好をしている女性を3人探そう」とか、「高価な腕時計をしている人を3人探そう」、「年収の高そうな人を3人探そう」というようなテーマを掲げるのです。

そしてそれにふさわしいと思う人を探します。最初からテーマが決まっているので、見るポイントが絞られます。すると、それだけ集中力が高まります。

また、見た目から想像しますから、推理力や洞察力、すなわち「思考系脳番地」が鍛え上げられます。

その意味で、電車の中の人や街行く人の顔や容姿を見て、職業や性格、生活環境を想像するというのも大変良い訓練になるでしょう。

何の予備知識もなく、服装や表情、態度や仕草などから、さまざまに想像を働かせる。注意して相手を見る。そして、理解系や思考系などを存分に働かせる。脳にとっては大変効果的なトレーニングになります。

見るセンスを磨く②

# 常に「なぜ？」という視点でモノを見る

ウォッチングする際に、「なぜ？」「どうして？」という疑問を持ちながら見ることで、より見るセンスは磨かれます。

「なぜ向かいに座っている人は、晴れているのに傘を持っているのだろう？」「なぜ最近の若い人は電車のドアの前でドアに背を向けて、車内側を向いて立つのだろう？」「なぜ最近の車にはバンパーがないのだろう？」……。

日常のさまざまなことに疑問を抱き、違和感を覚えたら、「どうして？」「なぜ？」と考えてみる。「おそらく～だからだろう」とか「きっと～だからに違いない」と仮説を立て、

推理してみるのです。

疑問や違和感を持つためには、**常に目の前の光景に注意を払い、センサーを働かせていなければなりません。**

また、そこから仮説を立てるには、理解系と思考系をフル回転させなければなりません。ある対象を見て、違和感や疑問を抱き、仮説を立てるまでの脳内の働きが、まさに「見るセンス」を高めることになります。

目の前の、一見何でもない光景に疑問を抱いたり、違和感を覚えたりできるかどうか？　まさにセンスがあるなしを問われるポイントでしょう。

「なぜあの人は晴れているのに傘を持っているのか？」という疑問には、「昨日が雨だったから、おそらく昨日の晩、外泊したんだろう」とか、「どこかに傘を忘れてしまい、それを今日になって取りに行ったからかな？」など、いくつか推理することができます。

また、今から20年ほど前までは、電車のドア付近に立っている人はほぼ全員窓側を向いて立っていました。それがいつからでしょうか？ ドア付近に立っている人の多くが、ドアを背にして内側を向いて立つようになりました。

車内側に立っている人は、ドア側の人物と正対することになります。混んでくると、正対して体を近づけるのは抵抗があります。どうしても距離を保つことになります。「なるほど、自分のゾーンを守るために車内の方を向いているんだな」と思いました。若い人の防衛本能の強さと、自己中心的な考え方に少し腹も立ちました。が、少しして、「もしかしたら、痴漢行為から身を守るために若い女性が考え出した立ち方かもしれない」と思い至りました。

最初は若い女性がやむなく始めたのを、若い男性が見て真似をしたのではないか？今や生活スタイルも言葉遣いも、若い女子が先に始めて、男子がそれを後追いする時代です。

検証の術はありませんが、かなりいい線いっているのではないか？ そうやって推理し、仮説を立てていると、「おかしな立ち方をして！」という怒りのエネルギーも昇華されていくようです。

何より、いろいろと推論するのが楽しくなります。すると脳は、いつしかそのような回路ができ上がる。**自然にセンサーが働き、目にするものの違和感や気づきが増えてくる。**すなわち「見るセンス」がアップするのです。

見るセンスを磨く③

## できる人の動きを見て真似をする

私が医者になりたての若い頃、先輩の医師の動きを見て、診察の仕方や治療の仕方を学びました。

マニュアルや教科書的なものでは学べない、実践でのさまざまな動き、段取り、手順、患者とのやり取り、スタッフとの連携……。これらをまず先輩医師の動きを目で見て、頭の中で反芻し、自分もやってみる。

頭の中で、映像として行動を刻み込む。それを実際に自分もやってみることで定着させました。

脳には、**「ミラー・ニューロン」**という神経細胞があることが知られています。

これはサルが手を動かして物を持ったときの脳の働きを調べていた際、人間がサルの前で同じ行動をしたときも、サルの脳があたかも同じ行動をしたように反応したことから発見されたものです。

**他者がある動作をすると、それを目で見ているだけで、あたかも自分がその動作をしたと同じように脳が反応する。**この反応はサルだけでなく人間の脳にもあることが、その後の研究で明らかになりました。

まるで相手の行動を鏡に映したかのような反応をする神経細胞ということで、この細胞をミラー・ニューロンという名で呼ぶようになりました。

私たちは相手の動きを見ることで、自分の脳が相手と同じように反応する。ですから、私が先輩の医師の動きを目で見て覚えたのは、このようなミラー・ニューロンの働きがあったのかもしれません。

洗練された人の動き、一流と呼ばれる人の動きをよく見ること。**しっかりと見ているだけで、自分の脳があたかも洗練された動きをしているかのように反応する。**当然上達も早くなりますし、自分の脳がセンスのある脳に変わっていくでしょう。
一流になりたければ、一流の人のそばに行き、その人の動きをじっくりと観察する。
それだけで、相当のトレーニングになるということです。

このような視覚による脳の反応は、相手の表情から感情を読み取り、自分もそのような感情になる**「共感性」**ともつながっています。

相手が笑顔だと、こちらも自然に笑顔になります。怒っている顔を見ると、こちらもイライラして同じような険しい顔になります。もらい泣きという言葉がありますが、他人の涙を見て、思わず自分も悲しくなって涙してしまう。これらもミラー・ニューロンが関係していると考えられます。

**「見る」ということは、そのまま私たちの意識や感情につながっているのです。**

相手の動きや表情をよく見て、真似をしたり共感したりするだけで、私たちの視覚系や理解系、感情系が刺激され、見るセンスがどんどん研ぎ澄まされていくのです。

見るセンスを磨く④

# 完成形をイメージして仕事をする

自分の5年後、10年後の姿を想像して、頭の中で映像化してみましょう。未婚の人なら結婚した自分、子供ができた自分の姿と、その日常の生活ぶりを映像として想像してみる。

見るという行為は、現実の光景だけを見るのではありません。**まだ存在していない未来の像を、あたかもすでにある現実のように映像化する。**そのことも「見るセンス」に大きくつながっています。

**「思考は現実化する」**と説いたのはナポレオン・ヒルですが、私たちは将来の姿や願望を「見える化」することで、脳がそのように作り変えられ、行動が変わるのです。それによって結果が変わり、望むべき未来が実現するというのは、脳科学的にみても説得力があります。

見えないものを映像化する力は、まさに脳の働きであり、センスに直結しています。

自分の将来、私たちの社会の未来を映像的に思い描くことで、脳は作り変えられていくのです。

未来像と同じような意味で、**完成形をイメージすることも「見るセンス」を鍛えることにつながります。**

完成形、すなわちゴールが明確に見えているかどうか。見えていれば、それを達成するために何が必要で、どうしたらいいかも自ずと見えてきます。逆に不要なもの、ムダなものもわかる。

**仕事ができる人は、この完成形をイメージすることが上手な人です。**

完成形がしっかりしている、つまり仕事のゴールが明確にわかっているので、最短距離でムダなく合理的に目的に向かっていく事ができるのです。

逆に完成形をイメージできない人は、枝葉末節のところで迷ったり躓いたりしてなかなか仕事が進みません。苦労が多い割には、求められているものと違ったトンチンカンなアウトプットをしてしまう。

完成形が見える、ゴールが見えるというのは、すでにそれだけで大変なセンスがあるということなのです。

日常の生活や仕事において、常に完成形を視覚的にイメージする訓練をしてみてください。すると「見るセンス」が格段に上がると同時に、あらゆるセンスが高まっていくでしょう。

さらに、未来像や完成形を言葉として書き留めたり、絵に描いたりすればより効果的です。まさに「見える化」そのもので、紙に書く、描くことでイメージを明確に具体化することになります。

描くときには手を使いますが、その手を動かすという運動がさらに脳に働きかけ、脳を作り変える大きな力になる。アウトプットをすることで「見るセンス」が、より確実に鍛え上げられます。

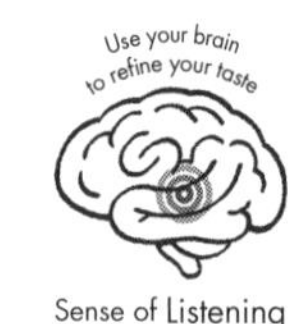


# 「聞くセンス」を磨く
## ――コミュニケーション能力の高い脳をつくる

「聞くセンス」に関わる脳番地は、当然のことながら「聴覚系」です。ただし、こちらも「見るセンス」が視覚系だけでなく、理解系や感情系とつながって形作られているのと同様に、これらの系と連携しながら「聞くセンス」が形作られています。

「聞くセンス」に関しては、2章でラジオを定期的に聞くだけで、聴覚系の脳番地が成長したお話をしました。刺激を与えることで、脳の神経細胞は触手を伸ばし、ネットワークを広げていきます。

意識してトレーニングし、刺激を与えることで、私たちの「聞くセンス」は格段にアップします。それによって**相手を理解する理解系の脳が発達し、コミュニケーション能力が高まります。**

じつは**日本人は、独特の「聞くセンス」を身につけている**ということを知っていますか？　私たち日本人は虫の声に親しみを感じます。夏になると蝉の鳴き声、秋になると鈴虫やコオロギの鳴き声を、四季折々の風情として聞き入ります。

ところが、日本人とポリネシアの人を除いた大多数の世界の人たちは、虫の音を楽しむ感覚がありません。それどころか脳の中で雑音と同じように処理されるため、ほとんど音として認識しない、つまり聞こえないそうです。

研究の結果、**日本人とポリネシア人は、虫の音を言語と同じく左脳で聞き、それ以外の人たちは右脳で聞いている**ことが判明しました（『日本人の脳―脳の働きと東西の文化』角田忠信著　大修館書店）。日本人は虫の音を単なる音ではなく、声として認識しているのです。

どうやら、これは日本語の特殊性と関係があるようです。日本語の五十音はご存じのように「ん」以外はすべて母音が含まれています。それに対して、日本語以外の言語は独立した子音がたくさんあります。

母音は声帯を震わせて出す自然な音であるのに対し、子音は口蓋や息で作る音で、そもそも動物が敵を威嚇するときに出す音だそうです。

日本とポリネシアの人以外は、母音を右脳で、子音を左脳で分けて認識するのですが、私たちは言葉をすべて左脳で処理する。

ちなみに、虫の音は羽根などを震わせて出す自然の音（母音に近い）なので、私たちは左脳で声として聞き分けるというわけです。

もともと特殊な「聞くセンス」を持ち合わせた私たち日本人ですから、さらに磨きをかけることで、さまざまな能力につながっていくと考えています。

聞くセンスを磨く①

## 海外の歌をカラオケで歌う

カラオケで日本の歌だけでなく、**外国語の歌を歌う**ようにしましょう。外国語の歌を歌うには、まずしっかりと聞かなければいけません。

先ほどの虫の声の聞き分けのところで触れたように、日本語と外国語は母音の扱い方が全く違います。日本語にはない発音の子音がたくさんあります。

普段私たちが聞きなれないそれらの音声を耳でキャッチし、ネイティブと同じように発音して歌うことができるかどうか？

何度も練習しているうちに、最初は上手に発音できなかった言葉が、すんなりと発音できるようになる。それ自体で、脳の新しい神経回路が生まれたことになります。

外国語を学ぼうとすると大変ですが、好きな外国曲をカラオケで歌えるように練習することは、それほど苦にならないはずです。

しかも語学の学習では、なかなか照れくさくてネイティブのように発音するのがはばかられる人もいるかもしれませんが、歌ならば比較的ためらいなく発音できる。それに近づけるようにするにはしっかりと原曲を聞かねばなりません。

さらに外国の曲の**歌詞を覚えることで、記憶系脳番地も鍛えられます。**

なかなか歌詞だけでは覚えられないのですが、曲が付くことで歌いながら覚えることができる。苦痛や面倒臭さをあまり感じないで覚えられるというのも、歌だからこそでしょう。

いずれにしても外国の歌、洋楽を覚えカラオケで歌うことは、「聞くセンス」を格段に高めてくれるでしょう。カラオケのレパートリーを増やすこともできて一挙両得のトレーニング法です。

聞くセンスを磨く②

## 自然の音を聞きに出かける

虫の音を左脳で聞き分ける日本人ですが、同じように風の音や波の音、川のせせらぎなどの自然の音も、「声」として聞き分ける能力があるようです。

そんな日本人にとっては親しみやすい自然の「声」を積極的に聞きに出かけましょう。

都会生活をしている人は、なかなかそんな自然の音に触れる機会は少ないかもしれません。それでも、普段の忙しい生活で聞き逃しているいろんな音があるはずです。

雑踏を少し離れて公園に行けば、木々の風にそよぐ音、スズメやカラスなどの鳥の鳴き声、虫の音などが聞こえるはずです。そんな音に耳を傾けるだけで「聞くセンス」を司る脳は活性化します。

やはり、一番いいのは少し遠出をして、田舎の自然豊かな場所で**普段聞けない音を存分に聞く**ことでしょう。

海に行けば、波の音や風の音が響いている。山に行けば木々のざわめく音、水が流れる音などがするはずです。大自然の中に飛び込むと、普段とは違った音で溢れている。それをしっかりと意識して聞くのです。

日本人がいかに音に対して敏感であるかは、**オノマトペ（擬音語・擬態語）が諸外国の言語に比べて格段に多い**ことでもわかります。

小川がサラサラ流れる。風がヒューヒューと吹く。木がザワザワと風になびく、雨がザーザーと降る……。自然の音にさまざまなオノマトペがあり、その表現によって私たちは状況やニュアンスを理解します。

もともと私たち日本人は自然の音の微妙な違いを聞き分け、表現してきたのです。ですから私たちも先人にならい、トレーニングとして自然の音を聞いて、それにピッタリくるような自分なりのオノマトペを創作してみるのも面白い。聞くことと、表現することの両方の訓練になります。

表現するのは、なにも自然の音（擬音語）だけでなくてもいいのです。情景や人の様子、動きなど（擬態語）もオリジナルのオノマトペを作ってみましょう。

自分なりにぴったりくるオノマトペをいろいろ考えるうちに、音感に対して敏感になってくるはずです。

それは聴覚系や理解系、感情系、伝達系を働かせることになり、「聞くセンス」を一気に高めてくれるハズです。

聞くセンスを磨く③

## 相手の話をメモを取らずに聞く

会議などの議事録をまとめることは、「聞くセンス」の向上に役立ちます。その際、できるだけＩＣレコーダーなど録音に頼るのではなく、その場でメモを取りながら、重要な箇所、要点を整理してまとめるようにしましょう。

こうすることで、発言を聞きながらその内容を理解し、会議のテーマと全体の文脈の中で、**大切な要点を抽出する力がつきます。**

これはそのまま「聞く力」「聞くセンス」につながっていきます。多くの発言の中でポイントになるものをピックアップするには、まず会議の本題、テーマが明確になっていなければなりません。その上で、発言者の意図や考えを理解し、吟味する必要があります。

さらにそれを文章に落とし込む作業で、情報のキャッチからアウトプットまでの一連の回路ができ上がります。

それによって聴覚系だけでなく理解系、思考系、伝達系までがまんべんなく刺激されます。

「聞くセンス」はもちろんですが、さまざまなセンスを向上させるのに役立つでしょう。

会議だけでなく、ちょっとした打ち合わせや会合もあれば、講演などを聞くこともあるでしょう。

その際、**重要な点などをメモする習慣をつける。**そして**後でそれを整理してまとめる**といったことも、同じように「聞くセンス」を高めることになります。

ちなみに落語家の人は、聴覚系が非常に発達しているということをすでにお話ししました。彼らは稽古で、師匠の噺をメモを取らずに聞きながら、必死に覚えて終わった後に書き出すそうです。

集中して、師匠の噺を聞くことを繰り返す中で、彼らの聴覚系はどんどん発達し、鋭く研ぎ澄まされるのです。

かなり高度で難しい訓練ですが、それだけに効果も大きい。上級編としては相手の話を聞きながらメモを取らず、できる限り記憶して、あとでノートに話の内容、要点を書き出すようにする。

訓練によって聞く力は飛躍的に伸び、さらに記憶系を刺激して活性化させ記憶力も高まります。「聞く力」「聞くセンス」はこのように記憶と結びつけることで高まるのです。

聞くセンスを磨く④

# 相手の声のトーンに注意を払う

少し古い研究ですが、アップル社が１９７９年に行った研究で、被験者に声の高さとスピードの違うスピーチをいくつか聞かせ、そのスピーチが真実のことを言っているか、それとも嘘を言っているか判定させました。

結果は、声が高くスピードが遅いほど、嘘を言っていると判断する人が多く、逆に声が低くスピードが速いほど、真実を言っていると判断していることがわかりました。

私たち自身も、知っている人の声がいつもより高いと感じることがありませんか？

**聞くセンスの高い人は、「あれ？　何かいつもと違うな」とか、さらに鋭い人は「きっと何か隠し事をしているな」とまで感づくかもしれません。**

最近では声の高さや抑揚などから、嘘を見分けるＡＩ嘘発見器なども開発されているようです。

これまでの嘘発見器は、心拍数の変化や手の平にかく汗などを感知して嘘を見抜いていたようですが、それよりも確度が高いそうです。

私たちの声は、感情によって微妙に変化することが知られています。先ほどのＡＩ感知器は嘘だけでなく、声を吹き込んだ人の喜怒哀楽の感情までも判定できるものがあるとか。

いずれにしても、声はその人の感情によって、微妙な音程やリズムの違いが生じるものです。

いつも聞きなれている相手の声に、もっと注意を払ってみましょう。相手の普段の声のトーン、テンポをしっかりと記憶に残し、それをその時々の相手の声と比べてどうかを判定するようにしてみましょう。

**相手の声から、相手の感情を読み説く。**相手の話が嘘か真実かを見極める。それくらいの意識を持って声をしっかりと聞くようにします。

最初は聞き分けられないかもしれませんが、何度か試みていくうちに、フッとわかる瞬間がある。

それはまさに、あなたの聞く力がアップし、「聞くセンス」がアップしたことの証拠です。

**相手の感情を読み取り、嘘を見分ける能力は、そのままコミュニケーション力のアップにつながります。**

ビジネスでも円滑な人間関係、仕事の成果に直結します。それも「聞くセンス」にアップが大いに関係しているのです。

聞くセンスを磨く⑤

## 特定の音だけ聞き取る練習をする

大勢の人がいる宴会場やパーティの席で、自分たちの会話だけ聞き取れるというのは、人間の聴覚の持つ素晴らしい能力の一つです。

**「カクテルパーティ効果」**という言葉をご存じでしょうか？　まさにカクテルパーティのようなにぎやかな会場で、自分が関心のある会話だけに聴覚がフォーカスする効果です。

これがレコーダーなどで録音すると、あらゆる音が同じレベルで録音されるので、騒音のようになって聞き取れません。

ところが、**人間の聴覚にはフォーカス機能があり、**目的の会話や音だけを集中的に拾い、あとはノイズとして小さくなったり、認識しなかったりします。

この機能を最大限活用して、雑踏の中や大勢の人が会食する場などで、特定のテーブルの席の人たちの会話を〝盗み聞き〟するトレーニングをしてみましょう。

食堂や喫茶店、ファストフードの店などで席に座ったとき、隣の席や向かいの席の人たちの会話に耳を傾けてみる。

漫然と聞いていたら、喧騒の中でかき消されて聞こえない会話も、何とかして聞き取ろうとして注意を向けることで、自然にカクテルパーティ効果が働き、聞こえるようになるはずです。

これによって、聴覚系や理解系などの脳番地が積極的に活動し出し、脳が活性化してセンスがアップします。

カクテルパーティ効果を利用して聴覚系を鍛えるもう一つの方法は、音楽を聞くときに漫然と聞くのではなく、**ある楽器の音だけを拾うようにして聞くことです。**

たとえばオーケストラの演奏でバイオリンの音だけを拾うとか、クラリネットの音だけを追っていく。シンフォニーの重なり合った音の中から、各パートの音だけを辿っていくのです。最初は難しく感じるかもしれませんが、訓練していくうちに慣れてきます。

今まで聞いていた音楽も、このように聞き始めると、これまでとは違って聞こえるかもしれません。

ちなみにオーケストラの指揮者は、前にも言いましたが、すべてのパートの音符を暗記していて、指揮しながら今どのパートの誰が音を外したかをすべてキャッチするそうです。

さすがに私たちは、そこまでの聞く力に達することができなくても、訓練次第でさまざまな音を拾い出すことができるようになるはずです。

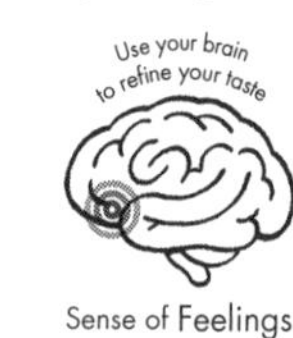


# 「感じるセンス」を磨く
## ――心地よいものを感じ取る脳をつくる

「感じるセンス」は、「見るセンス」や「聞くセンス」とともに、香りや皮膚感覚、身体全体の感覚から感じ取るセンスです。

さらにそれらを、「心地いい」とか「気持ちいい」という感覚、逆に「違和感を覚える」とか「不快だ」というように感じ取る感覚です。

それだけ幅が広い感覚でもありますから、鍛え方もじつに多様で、たくさんあります。ある意味、**日常生活のすべてが「感じるセンス」をトレーニングする場**だと言ってもよいでしょう。

要は、どれだけ意識してそれを行えるか？　漫然と生活するのではなく、感覚を働かせ、さまざまなものを感じ取ろうとする意識があれば、生活そのものが感覚を磨く練習場になるということです。

感じるセンスを磨く①

## 相手の話に共感する

上手に雑談するには、さまざまなセンスが必要になります。

「見るセンス」で相手の表情や仕草をキャッチし、そこから相手の気持ちを読み取ります。「聞くセンス」で相手の話を聞き、思考系や感情系、伝達系を働かせ、話が盛り上がるように相槌や返答を返します。

会話のキャッチボールの中で、お互いが脳番地を回転させるのです。会議や打ち合わせなどとはちがって、ルール無用、どんどん脱線し話は展開していく。ルール無用、無差別級のストリートファイトと言ったら少し大げさでしょうか。

ですが、決まったテーマもなければ縛りもない雑談は、それこそ臨機応変のあらゆる脳の力が求められる場です。

**雑談上手の人はセンスの高い人物、**と言って間違いはありません。

センスの必要になる雑談をあえていろんな人といろんな場ですることで、センスは高まります。

さまざまなセンスが必要になりますが、文字や形で捉えられない「感じるセンス」はとくに必要とされ、また鍛えられると考えられます。

雑談は、議論やディベートとは違います。相手を論破して、勝ち負けや優劣を決めるものではありません。むしろ逆で、**話の中で相手に共感し、お互いが同じ仲間であることを確かめ合うことが目的です。**

相手の話や表情から、相手の感情や思いを察知する。相手の状況や環境、立場を推察する。それが共感へとつながり、大いに盛り上がるわけです。

それは、相手に対する相槌や返答の言葉に端的に表れます。雑談、会話の上手な人は、「なるほど」「そうそう、わかる」「そうだよね」というような肯定と受容の言葉が中心です。

下手な人は、「いや、そうじゃなくて」とか「というか……」というような否定の言葉が多いのが特徴でしょう。

そのような言葉遣いにも気を配りながら、相手を受け入れ、相手がどんどん話をしたくなるようにしていくことが大事です。

いずれにしても、雑談の中で相手の話を受け入れ、相手の気持ちになって考える。共感力を意識して雑談をすることで、「感じるセンス」はどんどんアップしていきます。

感じるセンスを磨く②

## 部屋を整理して快適な空間をつくる

部屋を整理整頓することは、**空間に対する美意識を高める**ことにつながります。

部屋が雑然としていると、気持ちもやはり雑然として落ち着かないものです。

逆に整理整頓が行き届き、すっきりとしている部屋は、気持ちも落ち着きすっきりとするものです。

このような感覚を保つためにも、定期的な清掃や整理整頓は必要不可欠です。さらに時々、模様替えをすることで、空間の感覚に関する美意識を研ぎ澄ませることができます。

**図や空間を認識するのは、理解系脳番地が中心**になります。意識して部屋を整理整頓することで理解系脳番地を刺激し、空間認識を研ぎ澄ませると同時に、心地よい快適な空間に対する感覚を鋭敏にすることができます。

数年前に、断捨離という言葉が流行りましたが、整理整頓は〝捨てる技術〟でもあります。自分にとって本当に必要なものは何かを判断し、不要なものを思い切って捨てる。その判断は脳の思考系脳番地が大いに関係しています。

また、**身の回りを整理整頓することは、自分の頭の中を整理する**ことにもつながります。

必要なもの、使用頻度の高いものをすぐに手に取りやすい場所に置き、使用頻度が低く重要度が低いものは捨てるか、あるいは奥にしまい込みます。それらは頭の中でしっかりと優先順位が付けられている、ということになります。

部屋のどの場所に何があるかが明確であれば、モノを探すのに時間がかからずに済みます。整理整頓は、時間の使い方や時間に対する意識にもつながっているのです。

さらに、**部屋を飾ること**を考えましょう。テーブルやサイドボードの上に花を置いたり、リビングの隅に観葉植物を置く。壁に絵を掛けたり、ちょっとした空間に置物を置くのです。

その際も、空間がうるさくならないように、ワンポイント、ツーポイントで効果的な配置を行うように心がけます。

置いたり飾ったりする場所、どんなモノを飾るかなど、その一つひとつの選択がセンスとなります。実際に部屋を飾ることで、そのような美的センスが磨かれていきます。

感じるセンスを磨く③

## 椅子や寝具を上質なものにする

「心地よい」とか「気持ちいい」という感覚を、鋭敏に感じることが「感じるセンス」そのものだと言ってもよいでしょう。

その意味で、私たちが日常の生活で使うもの、その中でもとくに長時間、私たちの体に触れているモノに関して、意識を向けることが必要です。

たとえば、家の中のリビングや書斎で自分が座るソファーや椅子は、その最たるものではないでしょうか？

やはり長く体に触れるものは、良い品物を使いたいものです。椅子も良いものになるほど、体にフィットし自分の体の重みが嘘のように感じません。長時間座っていても疲れがほとんどない。

安い椅子は腰に負担が掛かったり、姿勢が悪くなったりしがちです。毎日座る椅子であれば、多少、値段が高くても良いものを選ぶべきでしょう。

座り心地の良い椅子にすることで、良い椅子と悪い椅子の違いが明確になります。**違いがわかるようになるということは、それだけセンスが高まった**ということでしょう。

同じように、ベッドや枕などの寝具も、多少高くても良いものを選びます。人生の3分の1は眠りに費やしていますから、良いものを選ぶのです。

そして、**「心地よい寝具」「ぐっすり眠れる寝具」を体感することで感度が上がります。**感度が上がれば、今度は体に悪い寝具を見分け、避けることができるようになります。

ちなみに、質の高い睡眠を取ることが健康な生活、センスあふれる生活をする上で基本になります。睡眠によって、私たちは昼の間に溜まった疲労を解消し、心身をリセットします。それが心と身体を健康に保ち、感覚を鋭く働かせるための基本になるのです。

いずれにしても、普段から良いものを選び、それに触れることで「心地よい」「気持ちがいい」という感覚を研ぎ澄ませることができるのです。

感じるセンスを磨く④

## 体内のリズムに従った生活をする

睡眠のところでも触れましたが、鋭い感覚を保ち続けるには、何よりも健全で健康な身体と生活が基本になります。

その意味で規則正しい生活を心がけ、不摂生を慎むということが大前提でしょう。私たちの体には、サーカディアンリズムと呼ばれる体内時計があることが知られています。

1日24時間、起床して昼に活動して、夜になって就寝というリズムが、体の中に組み込まれているのです。

残業で夜遅くまで仕事をして、その後ストレス解消にと深酒をして、寝不足で会社に行く。そんな毎日を続けていたら、睡眠不足だけでなく、睡眠時間がずれることでサーカディアンリズムが崩れてしまい、心身にも影響してうつや睡眠障害、自律神経失調症になることが明らかになっています。

そんな状態では、センスも何もまったく正常には働きません。

夜は深酒を避けて、その日のうちに就寝し、朝はすっきり目覚める。**体内のリズムに従い規則正しい生活を心がける**ことが、「感じるセンス」を鋭敏に保ち、脳の感度を高いレベルで維持する大前提となります。

自分の体の状態、健康に関して敏感でいることが「感じるセンス」を高めるためには必要です。

睡眠や1日のリズムだけでなく、食事などにも気をつかう。やはり体に良いものを選び、適量を食べる。食事に対する意識や肥満などに対する意識も、センスが高い人ほど敏感です。

ファストフードばかり食べて太ってしまうような食生活の人は、やはりセンスが低いと見られても仕方ありません。

神経質にならない範囲で、自分の体と健康に関心を持ち、注意を払う。食べるものを選び、太らないように気をつけることが大事です。

大事なのは、自分の体と健康に関心を持つこと。そして自己コントロールをしっかりとすることです。そのこと自体が、**意志や自制心を作る前頭葉を鍛える**ことになります。

自分の目先の欲望に負け、不摂生でだらしない生活をしていては脳全体のパフォーマンスが低下し、センスも磨かれません。

感じるセンスを磨く⑤

# 芸術作品や文化に触れる

美的感性を高めることは、「感じるセンス」に直結しています。美しいもの、きれいなもの、純粋なものに対する感度を高めることは、すべてのセンスの基本だと言ってもよいでしょう。

その感性を磨くのは、やはり何度もお話ししているように、**芸術作品にたくさん触れるのが一番**でしょう。展覧会や演奏会などで絵画や音楽の芸術に触れるのは、ある意味一番手っ取り早いセンスアップの方法と言えます。

また、伝統芸能や芸道などに触れるというのも、美的感性を磨く上で大いに役立ちます。茶道や華道などの芸道、日本舞踊や歌舞伎や能などの伝統芸能を鑑賞し、習うことで美的感性は磨かれます。

日本人は美的感性が非常に高い民族であることは、自他ともに認めるところとなっています。その日本人の伝統とＤＮＡを大いに活用することが、私たちのうちに眠っている美的感性を呼び覚ますことにつながります。

**茶道は、すべてセンスの塊のようなもの**でしょう。千利休が始めた茶道は、空間の使い方から動作、茶道具まで美的感性の結晶です。わび、さびという日本人独特の感性がそこにきらめいています。

その完成度と美的感性が極められているからこそ、豊臣秀吉をはじめ、命をかけた戦いを繰り広げてきた当時の戦国武将たちが、次々に傾倒し、その世界にハマっていったのです。

四季折々の移り変わりと、豊かな自然の景観の中で、私たちの先人は世界にも例を見ない感性を磨き上げてきた。その感覚はあらゆる方面で発揮され、文化として残っています。

色に対する感覚、香りに対する感覚、音に対する感覚、すべてにわたって繊細で、他の国では見られない独自の文化を誇っています。

いたずらに最近の日本賛美の風潮に乗ることは良しとしませんが、事実として私たちの先人たちの残したものは素晴らしいものがあります。

たとえば、日本の伝統色は何色あるかというと、なんと４７９種類にも分類されているのです。赤系統の色だけで96色もあり、赤から臙脂色、真朱色、銀朱色、真紅色、赤紅色、唐紅色、赭色、乙女色……。

よくぞこれだけの赤を分類し、見分け、名称を付けたと、昔の人の色の感度の鋭さと細やかさに驚嘆します。

センスを磨きたければ、とにかく日本の伝統文化に立ち戻る。鑑賞はもちろん、習い事や稽古事を通じてその世界に触れてみる。

大変ありがたいことに、あらゆる感性を磨き上げ、洗練させてきた歴史を、私たち日本人は持っているのです。

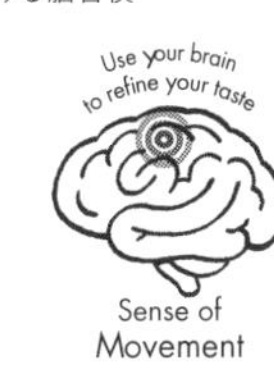


# 「動くセンス」を磨く
## ――瞬時に反応できる脳をつくる

身体を動かすことが、センスの中心にあるというお話はすでに何度かしてきました。情報をキャッチするところから、それをアウトプットして表現するところまで、センスは肉体を使い、動かして一つのまとまりとなります。

「動くセンス」は運動系の脳番地が中心であり、それに思考系、感情系、理解系、視覚系、聴覚系とすべての脳番地が連動しています。

**ほかのどの感性を磨いたとしても、「動くセンス」が鈍ければセンスがあるとは言えません。**

逆に、さまざまな脳番地を働かせ、センス脳を作り上げたければ、まず運動系の脳番地を活性化させることが有効です。

どうも現代社会、現代生活は頭を使うことが中心になり、身体を動かし使うことがおろそかになりがちです。

じつは**身体の動きは、感情と密接につながっている**ことが明らかになっています。たとえば私たちが悲しくて涙を流す場合、「悲しい」という感情が先にあって涙が流れると考えます。

ところが、どうやらその逆もまた真だというのです。つまり、涙を流すから悲しいと感じる。動きが先にあって、あとから悲しいという感情が喚起される。これが喜怒哀楽すべてに言えるというのです。

鉛筆を口にくわえて、漫画を読むという有名な実験があります。

同じ漫画本を、片方は普通に読んでもらう。もう一方は、鉛筆を横にして口にくわえて読んでもらう。すると鉛筆をくわえて読んだ方が、漫画を面白いと感じる人が増えたのです。

これはどういうわけでしょう？　じつは、鉛筆を横にしてくわえると口角が少し上がります。口角が上がると、顔の筋肉は笑ったときと同じような動きになります。

この実験が示しているのは、**笑顔を作ると人の脳は笑っているのだと勘違いし、そのような感情になるということ。**つまり、脳は身体の動きに大きな影響を受けていて、それに騙されることがあるということです。

いずれにしても、「動き」あるいは「動くセンス」は、私たちの脳に想像以上に影響を及ぼしています。

さまざまなセンスに「動くセンス」が関わっている。センス脳の肝である「動くセンス」をどうやって磨くか？　そのポイントと習慣を見ていきましょう。

動くセンスを磨く①

## 柔軟体操をして体を柔らかくする

最近、ジムなどに通って体を鍛える人が多くなっています。現代生活ではどうしても運動不足になるので、よい傾向だと思います。

しかし、必要以上に筋トレで筋肉をつけるより、むしろ**体を柔軟にすることの方が脳にはよいと思います。**

体が固い人は、どうしても思考も固くなりがちです。毎朝起きたとき、就寝前に柔軟体操をするといいでしょう。

とくに肩甲骨や股関節などの関節部分を柔らかくし、可動域を少しでも広くしてやるようにします。

体が柔らかくなれば、体の動きや身のこなしが素早くなります。何度もお話ししているように、動きが鈍い人は、やはりすべてのセンスが鈍い。センスを高めたいということであれば、まず体を柔らかくすることが一番です。

毎日、ラジオ体操をすることから始めてもよいでしょう。ラジオ体操は、子供や老人がやるものだとバカにしていたら大間違いです。体がスムーズに動けるように、さまざまな運動を取り入れているのがラジオ体操です。

体操の第一と第二を合わせてやれば、けっこうな運動量になりますので、毎日朝と夜にやるだけで体の調子が良くなるはずです。

その上で、体を柔らかくするストレッチを取り入れ、とくに肩や肩甲骨、股関節などの重要な関節の筋肉を伸ばし、柔らかくするようにしましょう。

毎日規則正しく行うことで、先ほどのサーカディアンリズムと一体になり、朝の目覚めと就寝時の寝つきが格段に良くなります。

すると自律神経も働き、体の調子が良くなる。それが脳にも好影響を及ぼし、運動センスはもちろんですが、さまざまなセンスが鋭敏になるでしょう。

動くセンスを磨く②

## 古武道やスポーツを観戦する

すでに「見るセンス」のところで、ミラー・ニューロンのお話をしました。ミラー・ニューロンはほかの人の動きを目で追うだけで、自分の脳があたかも同じように動いているかのように働く神経細胞でした。

この**ミラー・ニューロンの特性を利用して、運動センスを磨くことが可能**です。それは一流選手やチームの試合やゲームを観戦することです。

彼らの試合中の体の動かし方を見ているだけで、私たちの脳のミラー・ニューロンが働き、同じように動いているかのように脳が働く。**脳の中で、一流選手の動きが回**

**路として刻まれる**ことになります。

すごいことだと思いませんか？ 私たちはメッシの動きを目で追うだけで、メッシの脳と同じような運動系脳番地ができ上がっていくのです。

もちろん、だからと言って、メッシのようにプレーできるということではありませんが、神経回路として似たようなつながりを作り上げる可能性があるわけです。

一流のプレーヤーほど、ほかの一流選手の試合を観戦し、その動きをしっかりと映像として目に焼き付けています。彼らは無意識に一流の動きを見ることが、上達の早道だということを知っているのです。

スポーツもそうですが、武道や踊り、ダンスなども体の動かし方や捌き方、身のこなしの参考になります。とくに合気道や古武道などの体の使い方は、筋肉の力に頼った現代人が忘れてしまったものでしょう。

古武道に共通するのは筋肉の力ではなく、むしろ脱力して体幹や人間の骨格、関節の動きを利用し、**筋肉の力では到底出せないような大きな力を瞬時に作り出している**ことです。円運動やらせん運動、あるいは波動のような、流れるような運動を意識していることも特徴でしょう。

面白いのは、そういう古武道の達人同士の試合やスパーリングを見ると、**強い人ほど体に力が入っておらず、背中が猫背のように丸くなっているのです。**

これは彼らが体全体はもちろん、とくに肩甲骨を柔らかく使うことを意識していることの表れのようです。そこからパンチやキックを繰り出す姿は、猫が猫パンチを繰り出すような恰好にとても似ています。

古武術のある大家が言っていたのですが、昔の武士が刀を持った構えもやはり猫背だったらしいです。

生きるか死ぬかの戦場では体に余計な力が入っていたり、固まっていては対応できません。体全体を柔らかくし、とくに肩甲骨を滑らかに動かして刀を振らなければならないために、背中が丸くなるそうです。

さすがに、昔の武士の戦いそのものは見ることができませんが、古武道の人たちの試合などは見ることができます。ありがたいことに、私たちはこれらの映像を、ユーチューブなどで、無料でいつでもどこでも視聴できます。

**ふだん意識しない体の動かし方、捌き方を映像で見るだけで、私たちの脳番地は活性化し、同じような回路を作ろうとします。**

もちろん、実際にスポーツをやったり、武道を習ったりするのが一番センスを磨くことになります。しかし、それができなくとも、その動きを見て、自分の中で残像として残すだけで、運動センスが磨かれていくのです。

動くセンスを磨く③

## 声を上げて笑う、大声を張り上げる

子供は終始、落ち着きがないほど体を動かしているものです。そして大きな声を上げたり、泣いたりします。

大人になり、分別がつくにつれ、騒々しい行動は少なくなり、中年以上にもなると、も

はや大きな声を上げることも、体全体を動かすこともほとんどなくなります。

それに対して、子供たちの動きは自由でのびやかです。子供番組などで、体操のお兄さんやぬいぐるみを着たキャラクターが現れると、そこにいた子供たち全員が嬌声を上げ、体をぴょんぴょんと飛び跳ねます。

うれしい気持ち、楽しい気持ちが爆発し、思わずそれが声や体の動きになって表に噴き出してくるのです。その動きが、さらにその感情を増幅させます。

そのときの子供たちの脳は、おそらくあらゆる脳番地が活性化し、情報をやり取りしているに違いありません。

**子供が感性豊かで、なんでも吸収するのは、そうやって躁状態にも近い、脳の活発なやり取りがあるから**と考えられます。

ところが大人になると、感情を表に出さず、押し殺します。体で表現しないので、その感情は増幅されることなく、しぼんでいく。すると、**脳も同じようにしぼんでいく**ことになります。

大人の人ほど、**意識して大きな声を上げたり、声を上げて笑ったり、飛び跳ねたり**

**して体を大きく動かすことが必要**なのです。

その点で一番いいのは、カラオケです。**ふだんはなかなか出せない大きな声も、カラオケで歌を歌うときであれば自然にできます。**

しかも振り付きで、体を大きく使って歌うと、効果は倍増するでしょう。アイドルなどが歌うときに踊る振り付けを覚えて、それを踊るという方法もあれば、曲に合わせて自分なりにオリジナルの振り付けを踊るという方法もあります。

決まった振り付けを覚えるのは、記憶系脳番地も大いに活用することになります。オリジナルの振り付けは創造性を高めることにつながります。

楽しみながら運動センスを高め、脳番地を刺激することができるという点で、カラオケは大変有効なものだと言えます。

動くセンスを磨く④

## 深く考えず、反射的に行動する

動くセンスというのは、瞬間的なものでもあります。たとえば石が飛んで来たら、頭でどうしようかと考える前に、反射的に体がそれを避けるように瞬時に動きます。

この**反射的な反応が鈍い人は、「動くセンス」のない人。**瞬間の変化に対応できません。極端なことを言えば、自分の命や安全を守れないということになります。

その点、野生の動物は「動くセンス」の塊と言えるでしょう。厳しい自然の中、生存競争を勝ち抜くために、彼らはいやがうえにも「動くセンス」を高めていかねばなりませんでした。

人間は文明社会の中で、さまざまなものに守られて生きています。そのため、得てしてそんな本能的な能力を失いがちです。

言語と文明を作り出した人間は、**どうしても知性に頼ってしまう。**脳で言えば、新皮質であり、左右の脳であれば左脳型ということになるでしょうか。

ただし、それらの脳の動きは旧皮質や右脳の働きと比べ、遅いのです。理性的な判断、合理的で論理的な思考は、人間であれば大事なものですが、いかんせん手順を踏んでいくので時間がかかります。

そんな判断に頼っていたら、飛んでくる石を瞬時に避けることなどできません。素早い判断には旧皮質の脳、あるいはイメージで一瞬にして判断する右脳の働きが不可欠なのです。

そこで私が提案したいのは、さまざまな身の回りで起こることを、半ば必然的なものとか、運命的なものとして捉える感性です。

もっというならば、**いろんなものをチャンスとして捉え、即行動に移す**ということ。見たい映画があるとして、「そう思ったのは、自分の中にそれを求めている何かがある」とか、「何かの導きだ」というように捉え、行動するのです。

誰かから遊びに行こうと誘いがあったら、ウダウダ考えずに誘いに乗ってしまう。

これが理性や理屈で考えると、今日はもっとやらねばならない仕事があるとか、行ってみてつまらなかったらお金と時間がもったいないだとか、いろいろな言い訳が出てきて、結局行動せずに終わってしまいがちです。

**思い立ったら即行動。**これくらいの気持ちを持って行動する。行動することで体を動かし、それによって状況が刻々変化する。それらがすべて脳の活性化につながるのです。

何より、行動することで私たちの経験値が上がります。たとえ失敗したとしても、それ自体が、前にもお話ししたように脳の刺激となり、脳を成長させることになるのです。

これを繰り返していくと、センスや感性が磨かれ、直感とか第六感のような感性が働くようになるでしょう。**左脳偏重の脳から、右脳をより活性化させた脳に作り変えられるのです。**

動くセンスを磨く⑤

## 複数の料理を並行して作る

「動くセンス」が意外に求められるのが、料理を作ることです。とくに何種類かの料理を作る場合、それぞれの料理の手順、かかる時間などを勘案し、ムダなくスムーズに作る必要があります。

まず完成形を思い描き、レシピを思い描くなど**「記憶系脳番地」**を活性化させます。

次に**「思考系脳番地」**をフル回転させ、それぞれの料理の作る手順を組み合わせ、どんな材料をどのように切り、どんな鍋を用意し、どの料理からまず始めるかを頭の中で整理します。

ざっと自分の頭の中で料理を作る手順の青写真ができたら、実際に体を動かし、材料を揃えて切り、調味料も手元に整えていよいよ料理を本格的に開始します。

煮物、焼き物、揚げ物などの料理を複数手早くこなすには、視覚系から記憶系、理解系や思考系などほとんどの脳をフル回転させなくてはいけません。

料理を作りながら味見をし、味覚を呼び覚まします。炒め物や煮物は、匂いや香りの確認も重要ですし、揚げ物なら揚げたときの油のはじける音で、油から上げるタイミングなどを計るため、**聴覚系**も動員します。

皿に盛り付けるときには、ふさわしい皿と食欲をそそる盛り付けを考えます。ここでは**美的感性**が重要になります。

そして家族のための料理なら、それを食べて喜ぶ家族の顔を思い浮かべる。団らんの温かいひとときを想像するので、**感情系**も働かせます。

このように、料理をする作業はまさに脳をフル回転総動員させるわけです。家事の中で最も脳を働かせ、センスが必要になるのが料理です。

そしてその基本は包丁や鍋、フライパンを扱い、キッチンを縦横に動き回る**運動**であり、そのセンスということになります。

**男性も積極的に料理をすることで、脳が活性化し、センスを大いに磨くきっかけになるでしょう。**

ちなみに、自分で料理をせずとも、お店のカウンターなどで手際よく料理を作るマスターやコックさんの姿を見ているだけでも、ミラー・ニューロンの働きで「動くセンス」の脳が活性化するでしょう。

Use your brain to
refine your taste

Chapter 4

Improve your sense of style in just a minute a day!

# 第4章

# 1日1分でセンスが上がる!15の脳刺激

## 意識することで脳は成長する

脳を作り変えるには、毎日の行動や習慣を、少し意識して変えてみることが効果的です。どんな難しい理屈を頭の中でこねくり回しても、センスを生み出す脳は作ることはできません。

前の章でも触れたように、**人間は行動することで脳を成長させていきます。**行動は経験となり、経験は感覚や感性とつながっていくのです。

行動する上では、常に「センス」を意識して動くことが大切です。意識することで、人間の脳はそれに応じて変化し、成長していくのです。

意識を向けることの大切さは、すでに何度かお話をしています。「聴覚」で言えば、意識を向けることで、それに関連した音にフォーカスして感知します。「視覚」でも、意識を向けたものが目に飛び込んできます。

たとえば、センスのいいアクセサリーをつけている人を意識すると、歩いていても電車の中でもアクセサリーに目が行くようになります。

風の音や鳥のさえずりなど、きれいな音を聞き分けようとすると、それまでキャッチできなかったさまざまな音を拾うことができます。

同じように、センスに意識を向けることで、自然にセンスの良いものに感覚が集中する。さまざまなものの中から、それをピックアップすることができるようになるのです。

それを繰り返すことで、私たちのセンスは磨かれます。特別なトレーニングをする必要はありません。**私たちの日常の生活とその習慣の中で、センスを研ぎ澄ませ、鍛えることが可能なのです。**

この章では、日常のさまざまな行動や習慣をどのように変えていけばセンスが磨かれ、センス脳を作ることができるか紹介していきましょう。

1日1分！脳刺激

# その❶ 空を見上げて雲の形を面白がる

皆さんは1日の中で、空を見上げ、雲を見る時間がどれくらいあるでしょうか？

おそらく地方や田舎の人たちなら、かなりの時間空を見上げ、雲の姿を目にとめているに違いありません。ところが都会の人たちは、まずほとんど空を意識して見上げることなどないでしょう。

見上げても高い建物が林立していて、満足に空を見渡すことができません。そもそも、都会の雑踏では、上を見上げて悠長に歩く余裕などありません。

一方、地方の人にとって、空の様子は非常に重要です。雨が降るかどうか？　気温が下がるか上がるか？　風が出てくるかどうか？

農業や漁業などの一次産業に従事している人たちは、仕事と生活に直接関わります。それだけに空の状態、雲の動きには敏感です。

ただし、そうではない人たちにとっても、空を眺め雲の姿を追うことは、センスを磨く上で大きな意味があると考えます。

とくに雲の形や動きは、時々刻々と変わります。一つとして同じ形はありません。光と影の具合で、微妙な色彩と明暗を醸し出す雲の姿。空と雲は、刻々変わる天然のキャンバスであり、絵画なのです。

それを追うだけで、**美的感性の訓練になる**はずです。

かつて文豪・芥川龍之介が、子供の頃に何が一番美しいかと聞かれて、「雲」と答えたというエピソードがあります。

私がなぜ空や雲のことを強調するかというと、故郷の新潟県三島郡寺泊野積（現・長岡市）がまさにその表情が豊かな地域だからです。

日本海の海沿いに面したこの地域は、春夏秋冬、海と空の景色が変わります。とくに冬の季節風が吹き荒れるときなどは、大小の塊

の雲が次々に風に運ばれ形を変え、雪やみぞれが降ったかと思うと光が差し、そうかと思うと一転真っ暗な空になります。

喜怒哀楽の感情の激しい人物の表情のように、空の表情がコロコロと変わる。そんな様子を眺めているだけで、感覚と感情が刺激される。東京で暮らすようになると、その刺激がなく、ときに故郷が無性に恋しくなります。

都会に暮らす人は、とくに空や雲の表情を意識してみてください。きっとこれまでにない新しい発見と刺激があることでしょう。

## 1日1分！脳刺激 その❷ 寝る前にラジオを聞く

センスを高める方法の一つに、「雑談」があることは前にも触れたと思います。

即意当妙、相手の言葉に応じて、その場その場で、適切な受け答えをする必要があります。

理解力、表現力、語彙力、共感性など、さまざまな力が求められるでしょう。

当然、**「脳番地」も総合的に使わないと対応できません。**それはまさに、瞬時に的確に反応する「センス脳」でなければ無理なのです。

雑談力をつける一つの有効な方法が、雑談力の高い人、センスの高い人の話を聞くことでしょう。

前にもお勧めしましたが、やはり**ラジオを聞く**ことを勧めます。会話センスの高いパーソナリティの番組を選んで、寝る前などに少し聞くようにする。

話のリズムや言葉の選び方、相槌や質問の仕方など、会話のポイントを意識しながら聞くだけで、会話センスは磨かれていくはずです。

その他には、映画や演劇、テレビドラマなどで、一流の役者の演技をたくさん見ることをお勧めします。

役者の人たちは役の性格や雰囲気をイメージした上で、そのときそのときの場面での自然で必然的な演技を心がけています。

声のトーン、抑揚やリズム、間といったことを意識し、それらの違いを表現します。そんな役者たちの話し方や表情、動作も含めて視覚と聴覚でしっかりと捉える。それだけで会話のセンス、表現のセンスが大きくアップするはずです。

会話の上手な人を見ていると、**この言葉の抑揚やスピード、強弱を常に変化させて**しゃべっていることがわかると思います。動作や表情も含めて、とにかく表現力が豊かなのです。

訓練としてお勧めなのが**「落語」**です。実際に落語のクラブなどに入って自分でやってみるのが一番効果的でしょうが、そうでなくても一流の落語家の噺を聞くだけでも、大変な学びになるはずです。

人間の表情や動きは、相手にこちらの感情や意思を伝えるのに大変重要な役割を持っています。悲しいときには悲しそうな表情で、肩を落とす。うれしいときには笑顔で体を上下に揺する。

発する言葉の内容と表情や動き、仕草が連動していることで、相手はその言葉に嘘がない事を感じ取り、安心するのです。

逆に悲しい話をしているのに笑顔だったり、嬉しい話をしているのに真顔だったりすると、受け取る側は違和感を覚え、相手に対して警戒心を持つのです。

会話や雑談が上手な人は、**言葉と感情表現の連動が見事**であり、わかりやすいという特徴があります。何度も例に出しますが、明石家さんまさんなどはまさに典型でしょう。

発する言葉の面白さもありますが、抑揚やスピードがその時々で変化していることに気づくでしょう。

さらに、そのときの表情や動作が大きく、言葉と感情、感情表現が見事に連動し統一されています。

見ている方はとてもわかりやすい。ですから安心感があり、信用できる人だと感じる。つまり好感度が上がるのです。

こういう人たちの番組や公演などを、意識して見たり聞いたりすることで、会話のセンスだけでなく、さまざまなセンスを磨くことができるのです。

1日1分！脳刺激

## その❸ 1日に1回、初めての体験をする

脳は基本的に、怠け者であることを前にお話ししました。

できる限り〝省エネ〟を目指すので、日常生活もできれば決まったパターンで収まるようにしようとします。

あなたの日常も、決まりきったことばかりで埋め尽くされていませんか？ もちろんある程度生活が習慣化されていることは大事なことです。短時間で、頭を使わずに体が動いてこなしてしまえるわけですから。

ただし、そればかりになってしまうと、脳への刺激が少なくなり、センスもどんどん退化してしまうことになります。


**日常の生活のちょっとしたことを、ときどき意図的に変えてみましょう。**

たとえば会社から帰宅する際、いつもと違う道を通ってみる。普段とは違う景色や人の流れがあるでしょう。新しいお店や気になる施設などを発見するかもしれません。

**「初めて」ということが、脳への一番の刺激となります。**

昼食は、ほぼ行く店が何軒か決まっていて、そのローテーションというビジネスパーソンも多いと思います。意識して、最低週に1回は、新しい店で昼食を食べるようにしてみる。

なかにはハズレの店もあるかもしれませんが、隠れた名店、おいしいお店に出くわすかもしれません。

それを続けていくことで、自然とおいしい店と、そうでない店のそれぞれの特徴や共通点などが見えてくる。

その経験値は、そのままセンスにつながっていくでしょう。

何より、新しい店に飛び込むことで脳がフル回転しますから、それだけで感覚が研ぎ澄まされていくのです。

同じように、美容院や理髪店も新しいとこ

ろに飛び込んでみるのもいいでしょう。どうしてもこれらのお店は、固定化してしまいがちです。

新しい店に行くのはいろんな意味でリスクもあり、冒険でしょう。だからこそ脳には、大変な刺激になるのです。

飲み屋もいつも同じ居酒屋ではなく、新しい店や小料理屋、スナックやバーなどに行ってみましょう。

とくに1人で飲みに行き、**カウンターに座ってお店の人や常連さんと会話する。**これは大変な脳への刺激になります。

初めての飲み屋に入るのは、勇気がいります。スナックなどはお店の中が見えませんから、ドアを開くだけでも怖い。でも、繁華街ではなく、地元の人が通うようなスナックなら、法外な値段のお店ではないはず。

店主や地元の常連さんたちと、いろんな話をする。お店も出会う人も、そこでの会話も、すべてが初体験ですから、〝脳活〟には最高の舞台と言えます。

飛び込むことに慣れてきて勇気と経験値が上がれば、ますます新しい店に入るパワーが生まれるでしょう。

1日1分！脳刺激

## その❹ 相手が喜ぶものをプレゼントする

誰かにプレゼントしたり、手土産を持って行くのも、習慣にしてみたらどうでしょうか？

というのも、プレゼントや手土産は選ぶのにけっこう苦労します。頭と感性を働かせることにつながるからです。

相手が誰なのか？　同性なのか異性なのか？　年上か年下か？　親しい関係かビジネス上の関係か？　相手の嗜好や趣味は？　じつにさまざまな条件が関わっています。それらをできる限りすべて勘案した上で、最も相手が喜び、気に入りそうなものを選ぶのです。これは大変な作業となります。

プレゼントやお土産をしようとすると、**相手に対する日頃の観察眼も変わってきます。**

たとえば、男性が好きな女性にプレゼントする場合、相手の女性がどんなものを好み、どんなアイテムを身につけているか？　気に入っているブランドは何か？　今手に入ったらうれしいアイテムは何か？　など、いろいろと彼女のことを観察したり、話の中で聞きだしたりする必要があります。

**その情報収集と判別が、そのままセンスにつながっていきます。**とくに異性にプレゼントする場合は、自分が知らない商品やブランド、お店を選択することになりますから、それだけ脳を刺激し、活性化することにつながります。

同じような意味で、得意先を接待したり、幹事として店を選んだり、誰かを地元に招待したときに歓待したりすることも、脳を大いに使います。

どんなお店を選ぶか？　どんなメニューを選ぶか？　どれくらいの金額で場所はどこか？　接待する相手や参加者のことをいろいろ考え、想像することが必要になります。それ自体が脳活であり、センスを磨くきっかけとなるでしょう。

1日1分！脳刺激
その❺
## 気に入った文章や言葉を書き留める

高校生のときに、国語の先生から言われたことで、「気に入った文章、よいと思った文章があったら、手帳やノートに書き出してみなさい」というのがあります。

私は国語はあまり得意ではなかったのですが、先生の言葉に従って、気に入った言葉を書き出していきました。

しばらくすると、**どんな文章がいい文章か、これはセンスのある文章か、**という点が、自然にわかるようになってきました。

今、私はたくさんの研究論文を読んでいますが、英語であってもいい文章というのがわかるようになってきました。むしろ英文の方が、よい文章、センスのいい文章がわかりやすいと思います。

それは**ロジックがしっかりしている**ということ。主語が明確で、文章の構造が論理的です。その点、日本語や日本語の文章はあいまいで、ぼやけていることが多いです。

英文はロジカルな文章かそうでないか、論理的か非論理的かがはっきりと表れる傾向があると思います。

ロジカルな英文は、非常に簡明です。余計な修飾もなく、全体の骨格がすっきりとできているので、頭にすんなり入ってきます。

私は理系ですので、ロジカルで、簡明な文章が基本的に好きです。ただし、人によっては形容詞などがたくさんちりばめられた、いわゆる日本的な美文が好きという人もいるでしょう。

いずれにしても、自分が気に入った文章、センスがあると思う文章に出会ったら、書き留めておくことをお勧めします。その際、**パソコンなどで入力するよりも、手書きの方がより効果が高いでしょう。**

自分の手を使い、自分の文字で、きれいに書き出そうと心がける。字を書くという一連の動作自体が脳への刺激になります。また、書き出された文章が脳に残ります。

センスのいい文章をたくさん知り、それを身近なものにすることで、あなたの文章のセンスも自ずと上がっていくのです。

**1日1分！脳刺激**

## その❻ 朝起きたときに思いついたことをメモする

目覚めの時間帯というのは、脳が余計な刺激を受けていないため、脳の中が非常にクリアな状態になっています。私はよく目覚めかけているときに、布団の中に入ったまま、しばらく起きずにいます。すると頭が勝手に働きだし、いろんなことを考えたり、発見したりします。

不思議なのですが、日中、いろんなことを考えているときには、なかなか思いつかないアイデアや言葉が、朝、布団の中で突然、明確に脳裏に浮上してくるのです。

お勧めするのは、この浮かび上がってきたアイデアや言葉を逃さないことです。

ですから、**枕元にメモを置き、朝、20分か**

**ら30分ほど、ボーッとリラックスして、いろんなことを夢想しながら過ごしてみてください。**

すると次第に、最初に浮かんだ一つのキーワードが縦に横に、どんどん広がり、発展していきます。

いいアイデアだなとか、面白い考えだなと感じたら、洗面所やトイレには行かずに、それをすぐさまメモに書き留めるのです。

このように目覚めの時間を活用することで、これまで私は自分の研究課題に関する考察や、独自のアイデア、難しい問題の解決方法をけっこう形にしています。

ただし、これは一つ条件がありまして、**普段から何か解決したい問題、クリアしなければならない課題があり、それをいろいろ頭の中で考えているという状態が必要です。**とくに、寝る前に、解決したい問題を整理しておくことです。

似たような有名な話に、ベンゼン環を発見したケクレという、ドイツの化学者のエピソードがあります。

ベンゼンと呼ばれ、石油などに含まれる芳香族化合物は、その水素と炭素の結合の仕方がわかりませんでした。

そのことをずっと考え続けていたケクレは、あるとき、夢でしっぽをくわえて丸くなっている蛇の夢を見ます。

その形態に閃いて、ケクレは６角形の亀の甲のような形の炭素の結びつきに思い至ります。

そして、その炭素のそれぞれに水素が１つずつ、計６つ結合する「ベンゼン構造」を発見します。

**一つのことをずっと考え続けていると、人の脳はその謎を解き、解決しようというネットワークができ上がっていきます。**

すると、眠っている間もそのシステムが働き、自然と問題や謎を解くことができるのです。

朝のまどろみの瞬間も、まさにそのような脳のネットワークとシステムが働く時間帯だと考えてよいでしょう。懸案だったさまざまな問題の解答が、突然すっきりと頭の中に浮かぶことがあるのです。

朝の目覚めの時間を、クリエイティブな時間に変えてみましょう。まだ雑音にまみれていないクリアな脳は、思いがけない知恵を授けてくれるかもしれません。同時にそれは、さまざまなセンスを高めることにつながっていくはずです。

## 1日1分！脳刺激 その⑦ あえて流行から外れてみる

学生のときに、友達とよくファミリーレストランに行きました。友達は定食やセットメニューを選択していましたが、私はあえて単品をいくつか選んで独自の組み合わせで食べていました。

「変わった食べ方をするね」とよく言われましたが、どうしても既存のセットでは満足できなかったのです。今でも中華料理店などで昼食を食べる際など、ランチ定食ではなく、単品をいくつか組み合わせて食べたりします。

定食は決まったメニューで、その分安くて便利なのでしょうが、オリジナリティという点で劣ります。本当に、自分の食べたいものを食べられるわけではありません。

面倒で、少し高くなりますが、**あえて自分で選択することを貫くというのも、センスを磨くトレーニングになります。**

そもそも、センスというものがオリジナルな「感性」と「選択」を前提にしています。他人と同じものを選んでいるうちは、独自のセンスは磨かれません。定食などの既成メニューになるべく頼らないというのも、センス脳を作るためのトレーニングになるのです。

他人と同じものを選ばないという意味では、持っているモノ、身につけているモノ、服装なども、他人と少し違うものを身につけるようにしましょう。

流行に敏感になるのはセンスを高める上で必要ですが、あまりに世の中の流れに迎合すると、むしろ逆効果です。大事な個性を犠牲にしてしまう可能性があります。

**流行を踏まえながら、そこから少しはみ出す。**そういうファッションができれば、ベストではないでしょうか。

よく、今年の流行色は何色だ、といった記事や報道を目にすることはありませんか？

これは「国際流行色委員会」という世界的な団体が、毎年2年後の春夏と秋冬の流行色を決めているのです。ちなみに2020～2021年の流行色は、ブラウンとなっています。

もう一つ、印刷物やアパレルの色見本を出しているパントン社も流行色を選出していますが、2020年の秋冬はクラシックブルーという深い青色を流行色として挙げています。

このような流行色を基本にして、その年のファッションのトレンドが決まっていきます。これまでの流行の多くは、このように業界によって作り上げられたものなのです。

いずれにしても、これらの流行情報を常にアップデートすることは、脳への刺激となり、ファッションに効果的に取り入れることで、センスの良さにつながっていくでしょう。

同時に流行を意識しながらも、そこから少し外れてオリジナルの感性をアレンジする。あるいはまったく独自のファッションを考える。こうなるとかなり高度なセンスの持ち主ということができます。

たとえば、そんなに高い服ではなくても、シンプルなジャケットに個性あるアイテム、流行のアイテムを一つだけ持ってくる。それだけでセンスのいい人だと感じさせます。

ちなみに最近は、アパレル業界も上からの流行ではなく、消費者の動向をＰＯＳデータなどで収集しながら、独自に商品企画、製造、販売を行うメーカーが増えてきたようです。

ＳＮＳの浸透により、個人のセンスがどんどん世の中に広まっていく時代です。今後は流行だけに捉われない、独自のセンスでのファッションが重視されていくと思います。

食べ物にしても、着るものにしても、**大事なのは自分のモノサシで選ぶということ。**お仕着せのものではなく、自分の内面からの感覚と感性に従った選択を心がけることで、センスは磨かれていきます。

1日1分! 脳刺激

## その❽ 毎日、仮説を立てる

朝起きてテレビニュースや新聞を読むときに、ただ漫然と読んでいるだけではセンスは磨かれません。

情報をそのまま鵜呑みにするのではなく、**「本当なのだろうか?」**とか、**「それってじつはこういうことなのでは?」**と自分なりの仮説を立てて考えてみましょう。

マスメディアが、必ずしも真実を報道するわけではありません。偏向もあれば自主規制や情報統制の圧力もあります。広告主への配慮、忖度もあるでしょう。

むしろ権威のある巨大メディアほど注意が必要です。とくにこれからの時代は、その視点を常に持ちながら情報をチェックするという感覚も、重要なセンスの一つでしょう。

2020年はコロナ一色の年でしたが、夏以降問題になったのが政府のＧｏＴｏキャンペーンでした。客足が激減した瀕死の旅行業界、旅館業界を救うには不可欠な措置だという意見もあれば、さらなる新型コロナの蔓延を引き起こすと反対する意見もありました。

テレビも新聞もその対立ばかりをクローズアップしますが、そこで少し視点を変えて、東京オリンピックの中止との関連を考えてみる。

オリンピックで、本来旅行業界は大変な利益を上げる予定でした。宿泊施設など、投資額も膨大だったはずです。それらの期待が新型コロナによってすべて裏切られたわけです。

ＧｏＴｏをその文脈で考えると、「もしかしたらオリンピックで利益を上げていたはずの業界への、補填のために行っているのではないか？」という仮説が導かれます。

もちろん、これはあくまで仮説にすぎません。ですが、ＧｏＴｏを新型コロナとの絡みだけで論じるのではなく、オリンピックとの絡みで捉えるということで、あらたな視点を持つことになります。

得た情報を、自分なりの視点と着眼点で新たな解釈や見方をしてみることは、脳の「理解系」や「思考系」を刺激し、**情報感度や分析力を高める**ことへとつながります。

独自の視点と着眼点を持つことは、物事の本質を見極めることにもつながります。

それができれば、すでに情報センス抜群の人物だと言えるでしょう。

朝テレビのニュースを見るとき、新聞を読む際、常に「本当なのか？」「これってどういうことなのか？」「もしかしてこういうことでは？」という視点を持つことを心がけてみてください。

1日1分！脳刺激

## その❾ 自分の顔を鏡でしっかり見る

朝起きて顔を洗うとき、夜寝る前の歯磨きを終えたときなど、鏡で自分の顔をしっかりと見る習慣をつけてみてください。

女性は鏡に向かうことが日常なので、ほとんど抵抗はないと思いますが、男性の中には長い時間、鏡の前に立って自分の顔と向き合うことに慣れていない人も多いと思います。

なにもナルシストになろう、ということではありません。**鏡を前にして、いろんな表情を作ってみるのです。**

悲しい顔、嬉しい顔、怒っている顔、楽しい顔という喜怒哀楽だけでなく、疑心暗鬼の顔、恐れている顔、妬んでいる顔、恨んでいる顔……。人間のさまざまな感情を想像して、その表情を鏡の前で作ってみましょう。

この訓練をすることで視覚系や感情系、理解系の脳番地が刺激されます。さらに、表情筋を動かすことになるので、運動系も鍛えることになります。

自分で感情を想定してその表情を想像し、実際に作るわけですから、**感情と表情の結びつきを明確に理解することになります。**

すると、今度は目の前の相手の表情から、今どんな感情なのかを見極めることがで

きるようになります。

相手の気持ちがわかるのですから、当然コミュニケーションもより円滑に進めることができるようになります。

自分の顔をしっかりとみて、表情を作ることで、さまざまな脳番地を刺激し、センスを高めることにつながっていくわけです。

## 1日1分！脳刺激 その⑩ まずは一つ、家事をやる

結婚している男性は、家事を奥さんに任せきりにせず、ときには自分でやってみることをお勧めします。

じつは家事ほど、脳トレになるものはありません。料理にしても掃除にしても、洗濯その他にしても、**すべて段取りが重要になります。**

段取りを考えるだけで、視覚系や理解系、思考系の脳番地をフル回転させることになるでしょう。

そして実際に家事をこなすには、**軽やかな身のこなしが必要**です。とくに料理を作るときなどは、ムダな動きをできるだけ排除し、最低限の動きと労力で作ることが理想です。

一流の料理人は料理ができると同時に、使った道具が片づいていると言われます。料理を作る動作と、使った道具を洗ってしまう動作も同時に行う。あらゆる脳番地をフル回転させることで、短い時間でおいしい料理ができ上がるのです。

その他の家事全般も段取りと手順、体を的確に身軽に動かすことが求められます。脳への強烈な刺激であり、ボケ防止にもなると思います。

もちろん、いきなり全部やることは無理でしょうし、奥さんからむしろ面倒がられてしまうおそれがあります。

まずは洗濯や掃除から始めて、ある程度体が動くようになってから、料理に挑戦する。あるいは、家事全般をやらずとも、何か一つだけでも担当でやってみる。

女性に任せきりの人は、ぜひ家事を引き受けてみることをお勧めします。

1日1分! 脳刺激 その⑪

# 変わったものを集めてみる

私が子供の頃、人それぞれいろんなものを集めていたように記憶しています。懐かしいところでは、仮面ライダースナック菓子についていたカードです。カード欲しさにスナックを食べずに、道端などに捨てていた子供も多く、社会問題にもなりました。

切手を集めている子も結構いましたし、昆虫の標本づくりに励んでいる子もいました。あとはミニカー集めなども流行りましたね。

子供の頃は、興味のあるものが比較的明確です。いろんなものを集めていた記憶がある人も、大人になるとそんな習慣を忘れてしまう人が多いと思います。

子供の頃と趣味嗜好は変わっても、**「何かを集める」というのは、脳を刺激する**にはいいと思います。自分なりの感性や感覚、センスが問われ、またそれが鍛えられるからです。

有名人でもちょっと変わったものを集めている人がいます。やくみつるさんは、トイレットペーパーや有名人の吸い殻などを集めているそうです。みうらじゅんさんは、仏像グッズや〝ゆるキャラグッズ〟を集めていますし、森永卓郎さんは消費者金融会社のティッシュを集めているそうです。

変わったものを集めている人は、やはり個性的な人が多いですね。その収集の中に、他人とは違うこだわり、センスがあるわけです。

ただし、あまり高価なものや場所を取るもの、生物などは奥さんや子供などから嫌がられたり、迷惑がられてしまいます。

そうしたことに気をつけながら、自分の好きなものを集めてみると、センスが自然に磨かれ、自分の個性につながっていくと思います。

1日1分！脳刺激

# その⑫ 目に見えない存在に触れる

私はよく、神社やお寺などの、パワースポットと呼ばれる場所に行きます。京都の上賀茂神社に行ったときなどは、明らかに鳥居の外と中で空気感が違うのがわかって驚きました。これが、仏教や神道で言われる「結界」というものかと思いました。

パワーを感じるという意味では、景勝地や世界遺産なども、そんなパワーが漂う場所が多と思います。

**センスとは、目に見えないものを感じ取る能力**でもあります。理系人間の私ですが、ロジカルを重視すると同時に、論理だけではつかみきれないものがあると考える人間でもあります。

山や川、海などの自然に向き合ったときも、同じように理屈では説明がつかないエネルギーを感じますし、特定の宗教にどっぷりつかっているわけではありませんが、神仏を感じる瞬間があります。

あらゆるものに、目に見えない力を体感するという意味では、アニミズムの考え方に近いかもしれません。

こうした感覚は人によって微妙な違いがあると思いますが、なんにせよ、デジタルの時代だからこそ、目に見えないものの存在を感じ取る感性を持ち、それを磨いていくべきだと考えます。

神社仏閣、人があまり訪れない秘境や絶景などのパワースポットを巡るのは、そんな感性と感覚を呼び覚ますきっかけになると思います。

## 1日1分！脳刺激 その⑬ 1日の中でちょっとした気分転換を図る

「気分を変える」というのも、センスを磨くことにつながります。

私も臨床医として仕事に追われていた日々、十分に寝る時間もなく疲れ切っていました。あるとき外食していて、まったく違うことを考えていたところ、頭がすっきりしてきて、びっくりするほど疲れを忘れてしまいました。

これはふだんとは**別の脳番地を使うことで、脳がリフレッシュした、**ということだと思います。

以降、私は意識的に気分転換を1日のうち、あるいは1週間のうちで図るようにしています。

好きな人やパートナーの写真、子供の写真をホルダーに入れて、時折チラリと眺めるなどはとても効果があると思います。

私は子供の写真はPCに入れてたまに見るのですが、両親の写真を財布に入れています。大事なものを持ち歩くという〝お守り〟のような意味もありますが、写真を目にすることで、緊張していたり、頑なになっていたりする心がフッと和むのです。

気分転換という意味では、ウォーキングや体操、ストレッチなどもいいでしょう。

従業員に、朝や昼などに体操やストレッチをさせる会社もあるようです。体を適度に動かし、柔らかくすることでそれまでと違った脳番地を刺激し、血行が良くなることで頭も冴えます。

ユーチューブで短い動画をスマホで見る、というのも効果があると思います。ストレスが多く、気持ちも体も固まりがちな今の時代、気分転換を意識的に図ることが、健全なセンスを育む基本となるのです。

## 1日1分！脳刺激 その⑭ 自分のルーツをたどる

先ほどの気分転換で、両親の写真を財布に忍ばせるとお話ししましたが、それは自分の原点、ルーツを意識するということとつながっているように思います。

私は新潟県の旧三島郡という、海に近い田舎の町の出身でしたから、高校から下宿生活で以降、大学から就職、そして現在まで、ずっと親元を離れての生活でした。

両親と過ごした時間というのは、結構短い。そのためか親に対する思い、故郷に対する思いが人一倍強いのだと思います。

母親は、現在84歳ですが、折に触れて電話をするなどしてきました。75歳までは元気で、「もう帰ってこなくていいよ」くらいの勢いでした。それを過ぎてからは年に

1回、2回帰らないと寂しそうにしています。

ところが新型コロナで、それも難しくなりました。田舎の人たちは東京など、都会から人が来て、ウイルスを持ち込まれることを非常に恐れています。

実際、地方でクラスターが発生するのは、東京など大都市からの帰省者や、出張帰りのビジネスパーソンからが多いのです。

おそらく母も私たちのことを心配しながら、帰省してほしいとは言えない状況ですし、私たち家族もそれを察知して帰省を取りやめています。このような地方出身者の人は、都会にはたくさんいます。

こういうことを想像し、自分にとって最適な行動を選択するというのもセンスだと思います。

ちょっと話はそれましたが、このような厳しい時代だからこそ、自分の原点、ルーツを思うことが力になり、センスを磨くことにつながると思います。

幸いなことに最近は、LINEやZOOMなど遠隔地でも顔を見ながら話がすることができます。これらのツールを駆使して故郷、自分の原点とつながるというのはいいことだと思います。

新型コロナが落ち着いてからということになるかもしれませんが、家族だけでなく、学生時代の友人と会って飲んで話をすることもいいでしょう。自分が通っていた小学校や中学校、高校などを訪ねてみるというのもいいと思います。

自分のルーツと向き合うことで、忘れていたさまざまな感覚や感性が、再び湧き上がってくるのではないでしょうか。

眠っていたセンスが、再び活発に働き出すはずです。

## 1日1分！脳刺激 その⑮ 利き手と反対で歯磨きをする

ちょっとした日常の行動を、利き手とは反対の手を使ってやってみましょう。お勧めは歯磨きです。

利き手でやるときは何の抵抗も感じない歯磨きも、反対側の手でやるといきなりぎこちなく、不自由に感じるはずです。

その違和感を味わいながら、何とか歯磨きをすることで、脳はこれまでと違った刺激を受けます。

とくに、**普段使っている脳と反対の運動系脳番地を活性化する**ことにつながります。それによって怒りを抑えることができるようになった、という研究結果もあります。

歯磨きだけでなく、さまざまな日常の活動を利き手と反対の手でやってみましょう。たとえば、お風呂で体を洗う、押印するなどのちょっとした行動を反対の手でやるのです。

目の前のコップをどちらの手で持つとか、スイッチはどっちの手で押すとか、何気ない動作でも行動の選択肢が増えることで、大変な脳への刺激になるはずです。

さらに上級編としては、利き手の反対の手で文字を書いてみるのです。

また、箸を使ってみることに挑戦してみましょう。
かなり難しい手の動かし方になりますが、その分、脳の活性化につながります。

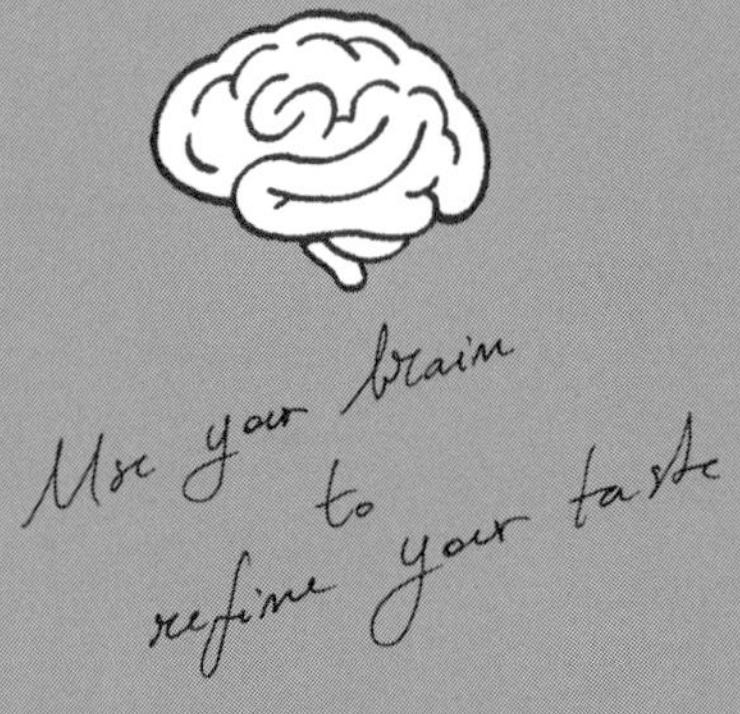
Use your brain
to
refine your taste

Chapter 5

Awaken the senses that are sleeping in your brain

# 第5章

# 脳の中に眠るセンスを覚醒させる

# センスがある人は魅力的

これまでセンスとは何か、センスを生み出す脳の仕組みはどうなっているのか、自分の脳を〝センス脳〟にするにはどうすればいいか、などについて述べてきました。

結局、**センスというのはほぼ100％、後天的に作り上げられるもの**だと言えます。IQのように、先天的なものに大きく依拠しているものではありません。

なぜなら、センスというのは、**「環境」と「自分の意識」によって学び、身につけていくもの**だからです。

さらに言えば、センスとは文化そのものだということ。それゆえに、とても人間的なものでもあると言えます。

たとえば、生まれたばかりの赤ちゃんは、まっさらな状態ですから、あらゆる刺激に敏感です。いろんなものを手でつかんで触り、目が見えるようになって、両親の顔や周りの状況を映像としてものすごい勢いで吸収していきます。五感のすべてと、それに対応した脳を常にフル回転させている状態です。

感覚は、おそらくどんな大人たちよりも、鋭敏に研ぎ澄まされているでしょう。しかし、赤ちゃんにセンスがあるか、というと、それはちょっと違うという感じがします。

やはり、センスというのは言葉を覚え、しっかりと自分で価値判断ができるまでになって、ようやく身につくものなのです。

もっと言えば、自分の感覚や感性を他に示すアウトプットができて、ようやくセンスと呼べるものができ上がるのでしょう。

その意味で、センスは文化や社会性と強く関連付けられているものだと言えます。

動物の中には、人間よりはるかに鋭敏な五感を有しているものがいますが、彼らにセンスがあるという表現は使いません。

また、**どんなにIQが高い人物でも、文化的で社会的な環境に自らを置かなければ、センスは育ちません。**勉強はできても、どこかドン臭くて鈍い人ということになります。

世の中の偏差値秀才には、そんな人物がたくさんいます。私の経験上、そのような人物が社会に出て出世するということは、まずありません。

上手にコミュニケーションをとり、情報を選択し、短い時間で的確な判断をして行動に移す――。センスに欠けた人は、そのようなスマートで洗練された動きがとれません。

**どんなに知識や情報をたくさん持っていても、実社会では役に立たないのです。**

逆にセンスがあって、そのような洗練された動きができる人は、ビジネスにおいても私生活においても、大きな結果を残すでしょう。**何より、そういう人物は魅力的です。**だから人が寄ってきます。

センスが後天的に身につくものだということは、大変な朗報だと思います。それは誰もが意識してトレーニングすれば、身につけることができるからです。

このことは、私の脳の働きの解釈とアプローチと、見事に重なります。脳の働きもまた、先天的なものというよりも、後天的な訓練によってネットワークが複雑で強固になり、成長すると考えられるからです。

# すべての人が芸術家になるのが理想

センスを司る脳は、人間の脳のまだまだ未開拓の部分ではないかと考えています。

**人間の感覚とそれに付随する能力は、訓練によって伸びる余地**があるのです。

今、私たちの社会で重視されている記憶力や情報収集力、理解力などの能力は、すでに多くの人によって研究され、能力開発のノウハウやシステムも構築されてきました。

しかし、**センスに関してはまだほとんど手つかずの状態**です。それだけ伸びしろが大きいと言えるでしょう。

むしろ１章でも触れたように、現代社会になってますます人間のセンスは押さえつけられ、閉じ込められている状態だと言えるのではないでしょうか。

それは知識偏重であり、合理性と理性偏重の現代社会の病理と言ってもよいでしょうし、商業主義やコマーシャリズムの蔓延による、規格化や画一化の弊害もあると考えています。

いずれにしても、私たちは私たちの感性と感覚を縛り付け、抑え込むこれらの環境から解放されなければなりません。

自由に、自分の感覚と感性を発揮し、さまざまなことを受け止め、それに対するアウトプットを表現する。それは私たちの脳の可能性を、あらゆる方面に伸ばしていくことになるでしょう。

私たちは知らずのうちに、自分の可能性に対して自信を失い、社会のシステムや常識など、さまざまな鎖に縛られることで、むしろ安心してしまっている状態なのではないでしょうか？

脳の視点で言うと、まさに面倒なことは避け、無難で安全なことを選択する〝省エネ脳〟の状態です。前にお話ししましたが、いわゆる老化現象が始まった〝オジサン脳〟状態ということでしょう。

逆に言えば、それだけ**眠っている脳番地がある**ということです。未発達の脳番地を目覚めさせ、本来の活動をさせてやれば、私たちの脳はさらに活性化し、もっともっと能力がアップするということです。

私は、**すべての人たちが、ある種の芸術家となる社会こそ、目指すべき社会**であり、社会と人との理想的な関係なのではないか、と考えるようになりました。

芸術家こそは自らの感性と感覚にもとづいて、自由に発想し、表現する人たちです。あるいは、デザイナーやクリエイターと呼ばれるような職種の人たちも同じでしょう。

もしすべての日本人が、三宅一生や山本寛斎、森英恵、コシノジュンコのようなファッションセンスを持ったら？　もしすべての日本人が岡本太郎や横尾忠則、村上隆や草間彌生のような表現センスを持ったら？

もちろんそんなことはあり得ないのですが、私たち誰もが未開発のセンスを発見し、それを伸ばしたら、人も社会も大きく変わるはずです。

なにより、**もっと楽しくてエキサイティングで、創造的な世界になる**のではないでしょうか。

私たちは芸術家にまではならずとも、いまだほとんど開発されていないセンスを司る脳の力を伸ばすことで、これまでとは違った感覚と感性、価値観を得ることができるでしょう。

それは当然、仕事の仕方と成果に大きく関わってくることになるのです。

## 人を見る目、聞く耳、感じる感覚が必要

実際に、私が活動してきた医療現場においても、高度なセンスが必要になります。

とくに一秒一刻を争うような現場では、患者さんを見ただけでその病状を察知し、**ムダな検査をすることなく、素早く的確な指示をしなければなりません。**

スタッフの動きを最小限にして、最大の治療効果を得られるような判断が求められます。

また、医師にはそれぞれ専門分野がありますが、**それ以外の分野はわからない、というのでは、医師としてのセンスがない**と思われても仕方がありません。

皆さんもご存知の、手塚治虫の漫画『ブラック・ジャック』は外科医ですが、優れた外科的な処置を施すためには、内科的な観点からセンスのある的確な診断をしなければなりません。

名医と言われるような人は、実際の医療現場で経験を積みながら、幅広く医師としてのセンスを開花させていっていると言えます。

同じように、法律の世界で活躍する弁護士にも、センスは必要でしょう。

複雑な案件や大量の書類情報の中から、必要にしてかつ不可欠な重要証拠を揃えて、裁判官が納得する書類を作成して依頼人を守るためには、知識を超えたセンスが必要になります。

医療や法律のように、問題を解決するまでのプロセスに、複数の選択肢がある場合、状況判断や取捨選択にプロとしてのセンスがいかんなく発揮されなければ、生かされる命も落とし、勝つべき裁判も負ける可能性があるのです。

もちろんこうしたセンスは、医師や弁護士など特殊技能を持つ人だけに求められるものではありません。

本書でもくり返し述べてきましたが、ビジネスの世界においても、一人ひとりに、相手を見る目、聞く耳、感じる感覚などセンスが必要であり、それが結果や成果を左右することは言うまでもないでしょう。

## 好きなものは、なぜ好きなのかを考える

センスとは、誰が決めるものでもありません。偏差値のように基準があり、階層やヒエラルキーがあるものではないのです。個々人それぞれのセンスが立っていれば、それはすべてオンリーワンであり、価値のあるものです。

**「自分のモノサシを持つ」**という表現を以前の章で書いていると思いますが、価値判断を自分の中の感覚と感性で判断するのがセンスであり、〝センス脳〟です。ですから、自分の中に確固とした基準＝核があると言い換えてよいかと思います。

ところが、これが難しいのです。**ほとんどの人がメディアで流れた意見とか、他人の批評や評価、感情までも拾ってきて、自分のもののようにしている**のです。

「高度情報化社会」と言われる、今の世の中ではなおさらのこと。テレビのワイドショーでそれこそ毎日、同じようなテーマで評論家やコメンテーターが意見を言い、感情をあらわにしていますが、それを見ているうちにすっかりそれが自分のオリジナルだと勘違いしてしまう……。

気がついたら自分のすべての感覚と意見が、ワイドショーとSNSとコマーシャルででき上がっていた、なんてことになりがちです。

脳科学的に見ると、**「自己感情」というのは非常に育ちにくいもの**なのです。得てして、他者の感情を自分の感情として置き換えてしまう。私たちは感覚や感情がお仕着せのものでないか、本当に自分の内面からの声かどうか、を厳しくチェックする必要があるのです。

小林秀雄という著名な文学評論家が言っていたことですが、**「自分が好きなものがあったとしたら、それはなぜ好きなのかを徹底的に考えてみる」**ということ。

たとえば、ある服が気に入っているとして、どこに自分が魅かれているのかを書き出してみる。

色がいい、形がいい、着心地がいい……。赤い色がいいと感じたら、なぜ赤い色がいいと感じたのか？ 今度はそれを書き出していく。

こうして自分がいいと感じるもの、好ましいと感じるものはどうしてか、と突き詰めていくと、子供の頃にこの色を使った絵を描いて褒められたとか、最初にプレゼントされて嬉しかった服の色だとか、思いがけない理由が見つかったりします。

一度、自分の感覚をまっさらにして、先入観のないままいろんなものを見て、自分の感覚で判断することが大事でしょう。

これは経験の少ない赤ちゃんや子供がやっていることなのですが、大人になるほどできる人は少なくなります。

**すべてを自分の感覚を基準にして、自分に素直に判断する**ということ。つまりは目を自分に向け、自分と向き合うということなのです。

# センスは「自己肯定感」を育む

自分の中に核を持ち、自分の感性や感覚を拠り所にするということが、じつは社会に出て人間関係を築き、仕事をして成果を上げることに大きく関わっています。

しかし学校教育も、社会に出てからの勉強も、このような視点で行われることはほとんどありません。

知識偏重、合理性偏重は、ビジネス社会ほど蔓延しています。そこから導かれるのは、売り上げを上げ、利益を出すためにムダを省くことであり、ひたすらに損を減らすという発想でしょう。

そこにクリエイティブな発想は育たないし、当然新しいものは生まれません。

今の**社会の閉塞感や頭打ち感の原因は、じつはビジネス社会のこのような偏重にある**と思います。

ところがそれを打開する考えも、教育もできていないというのが今の状況ではないでしょうか。

歴史を振り返ると、2章でも触れたようにギリシャの時代は「真・善・美」の教育を行っていました。

**センスとはまさに、「真・善・美」がバランスよく備わった人格そのもの**だとも言えるでしょう。

自分の中に確固とした「真・善・美」の基準があり、核がある人は、いい意味での自信があります。心理学でいうところの「自己重要感」とか「自己肯定感」に近いものだと考えられます。

つまり**センスは、「自己重要感」「自己肯定感」につながっている**というわけです。逆に言えば、これらが備わっている人はセンスも高いということです。

ちなみにいくつかの研究によって、社会で成功するかどうかは、IQよりも「自己重要感」「自己肯定感」との相関が高いことが確かめられています。

「真・善・美」を意識し、センスを高めることが「自己重要感」「自己肯定感」を高め、それによって仕事もプライベートもうまく行く。私はこのことを何度でも強調したいと思います。

# 自分をコントロールすることが大切

「真・善・美」に基づいて行動し、自己肯定感や自己重要感が備わっている人は、「自己コントロール」も上手にできる人でしょう。

そのような人は間違ったことや善くないこと、醜い行動を自然と避けるようになるからです。

不思議なのですが、歴史的な偉業を達成したり、発見をする人は**倫理観が強かったり、宗教的な志向が強かったりします。**

万有引力や微分積分を発見したニュートンは、近代科学の父として燦然たる輝きを放っていますが、じつはとても宗教的な思考の強い人でもありました。

彼はすべての自然法則の裏に存在する絶対者＝神の存在を信じ、その真理に少しでも近づきたいという敬虔な気持ちがありました。

彼の言葉で、「私が遠くを見ることができたのは、巨人の肩に乗っていたからだ」

というのがあります。また、「真理の大海が眼前で広がっているのに、私は海辺で遊んでいる子供のようだ」というようなことを書き残しています。

決して自分の才に驕るのではなく、むしろ自分より大きなもの、それが神か自然かは別に、真理の大きな存在の力を信じ、それを誠実に求めているのです。

私もニュートンほどではありませんが、研究者として真理を見極めたいと考える人間ですから、道に外れたことや行儀の悪いことはしないようにしています。**自然の道に外れた人に、真理はその姿を現してはくれない**だろうと考えるからです。

おそらく、センスとはこのようなものも含めての、自己感覚であり自己感情だと考えます。それは必然的に人格を陶冶し、高めてくれるものではないでしょうか？

## センスはあなたに発見されたがっている

センスとは個別のものであり、個性そのものです。それは、後天的に学び取るものではありますが、同時にあらゆる人に、その人なりの個性とセンスの種が眠っているのだと思います。

自分の中のセンスに気づき、発見し、それを伸ばしてやること。それこそが私たちの生きる意味そのものだ、と言えるかもしれません。

あらゆる人にそれぞれ役割があるというのが本来の社会の姿でしょう。それに対応して個性があり、その人のセンスがあるのです。

学校の成績や仕事の評価など、私たちは常に他者からの一元的な評価にさらされています。それは、巨大化した社会や経済システムを保つためには避けられない宿命でもあります。

だからこそ、私たちは本来、自分が持っているセンスを大切にしないといけないと思います。**あなたのセンスはあなたに発見されたがっている。**そう断言してもいいでしょう。

脳科学の立場で言えば、脳はそれぞれ個性的であり、可能性を秘めています。「加藤式・脳画像診断法」で脳のＭＲＩを見ても、誰一人として同じ脳の人はいないのです。

自分の個性やセンスに気づき、それを育んでいくことができた人は幸せです。

その人は、自分の中に大いなる可能性と力が潜んでいることを実感できるからです。

そして、さまざまな世の中の見方や先入観から自由になることができる。

つまりは、**自由と自立がないところにセンスは生まれません。**

逆にセンスがある人は、自ずと自由と自立を目指し、達成する人だと言えます。

仕事やビジネスで成果を上げ、成功したいと考える人は、ビジネススキルやテクニックを学ぶより、まず自らの中に眠っているセンスを目覚めさせ、育ててほしいと思います。

きっとあなたが考えている以上の、大きな成果が得られるはずです。

Sense of
Movement

Sense of
Feelings

Sense of
Sight

Sense of
Listening

Use your brain
to
refine your taste

【著者略歴】
**加藤俊徳**（かとう・としのり）
1961年新潟県生まれ。脳内科医、医学博士。株式会社「脳の学校」代表。脳番地トレーニングの提唱者。昭和大学客員教授。1991年近赤外光を用いて脳機能を計測する「fNIRS（エフニルス）」法を発見。1995年から米ミネソタ大学放射線科MR研究センターに研究員として従事。帰国後、「脳の学校」、「加藤プラチナクリニック」を開設し、独自開発した加藤式MRI脳画像診断法（脳相診断）を用いて、小児から超高齢者まで1万人以上を診断・治療。脳の成長段階、強み弱みの脳番地を診断し、薬だけに頼らない脳番地トレーニング処方を行う。
著書に、『アタマがみるみるシャープになる！脳の強化書』（あさ出版）、『50歳を超えても脳が若返る生き方』（講談社）、『片づけ脳』（自由国民社）など多数。
加藤プラチナクリニック公式サイト　https://www.nobanchi.com
「脳の学校」公式サイト　https://www.nonogakko.com

センスは脳（のう）で磨（みが）かれる

2021年 2月21日　初版発行

発行　**株式会社クロスメディア・パブリッシング**
発行者　小早川 幸一郎
〒151-0051　東京都渋谷区千駄ヶ谷4-20-3 東栄神宮外苑ビル
http://www.cm-publishing.co.jp
■本の内容に関するお問い合わせ先 …………………… TEL（03）5413-3140／FAX（03）5413-3141

発売　**株式会社インプレス**
〒101-0051　東京都千代田区神田神保町一丁目105番地
■乱丁本・落丁本などのお問い合わせ先 ……………… TEL（03）6837-5016／FAX（03）6837-5023
service@impress.co.jp
（受付時間　10:00～12:00、13:00～17:00　土日・祝日を除く）
※古書店で購入されたものについてはお取り替えできません

■書店／販売店のご注文窓口
株式会社インプレス　受注センター ………………………… TEL（048）449-8040／FAX（048）449-8041
株式会社インプレス　出版営業部 ………………………………………………… TEL（03）6837-4635

カバー・本文デザイン　金澤浩二
DTP　鳥越浩太郎
印刷・製本　中央精版印刷株式会社
カバー・本文イラスト　川原瑞丸
本文構成　本間大樹
ISBN 978-4-295-40509-2 C2034